地域生活支援

ひとりから始まるみんなのこと

〈パーソナル・アシスタンス とも〉の実践

西田良枝

目次

序章　ともに生きる社会の実現をめざして……5
〈パーソナル・アシスタンス　とも〉にこめた願い

第1章　障がいをもつ子の親になって……17
1●簡易マザーズホームで出会った　18
2●みんなで動いてみよう　24

第2章　〈浦安共に歩む会〉が始まる……31
1●地域のなかで育てていきたい　32
2●入園交渉と父親たちの活躍　40
3●みんなで学んで、発信して　54

第3章　〈浦安共に歩む会〉の活動……65
1●プロセスを大切にした交渉　66

2●「教育」その1――小学校入学　70
3●「教育」その2――大東市「障害児教育基本方針」と出合った　75
4●「福祉」――あたりまえの暮らしがしたい　95

第4章　自立ということ……109
1●江里の学校生活　110
2●エレベーター設置交渉から広がった輪　116
3●林間学校　129
4●父の看取り　142
5●子の自立と親の自立　148

第5章　〈パーソナル・アシスタンス とも〉の船出……155
1●〈浦安共に歩む会〉の限界　156
2●NPO法人を立ち上げる　163
3●〈とも〉の船出　169

第6章　〈とも〉はいつも現在進行形……177
1●自分たちが求める支援事業から始まった　178
2●制度外支援サービスの限界　185
3●成長を育み、余暇につながる療育事業　198
4●街のなかでともに働き楽しむ　200

第7章　私たちがめざすもの……209
1●主人公は誰？　210
2●支援は〝黒子役〟と〝橋渡し役〟　213
3●関係性をつくる支援でありたい　218
4●その人らしく生きるためのマンツーマンの支援　231

解説――浅野史郎　242
曽根直樹　246

あとがき……250

写真協力――水戸孝造

序章

ともに生きる社会の実現をめざして

〈パーソナル・アシスタンス　とも〉にこめた願い

〈とも〉主催のお花見で

〈パーソナル・アシスタンス とも〉は、私たちが障がい児の親になったときの気持ち、育てるなかで感じた疑問、そして現在や未来に向けての子どもの人生や自分の人生を考えるなかから生まれました。

子どもが、ありのままの自分を、安心して、自信をもって表現できるような存在であってほしい。それは、障がいがあろうとなかろうと、子どもに寄せる親の願いではないかと思います。私は、「親として何ができるのか?」「何をしてきたのか?」と考えたとき、わが子の気持ちを見失わないように愛情をもって見つめていくことのほかに、娘と一緒にそのような環境をつくる役割をずっと担ってきた気がします。

そのひとつが〈とも〉なのです。

●娘の江里との出会いから始まった

娘の江里はいま、二十一歳。

原因不明の代謝異常による脳障がいで、首が据わらず、寝かせておけば寝たきりです。言葉を使ってのコミュニケーションはとれません。食事、入浴、排泄など、日常生活すべてに介助が必要です。自分で自分の命を守ることすらできません。

そのうえ、睡眠時の無呼吸を含めた呼吸障がい、アレルギー、体の変形、嚥下《えんげ》障がい、てんかん、また髪の毛が茶髪で伸びないなど、たくさんの問題を抱えています。十七歳で胃ろうの造設もしました。それらに対応するには定期的な通院や医療的なケア、広い意味でのリハビリ、療育、道具の用意、生活のなかでのさまざまな配慮などなど、とても多くの生きるための工夫や支援が必要です。

けれども、これらは、江里という〝人〟をなす一部分でしかなく、〝障がい〟や〝病気〟や〝状態〟をあらわしただけにすぎません。

江里は、それらすべての前に、好奇心旺盛で、少し臆病で、がまん強くて、人が大好き、ダンスや歌、温泉、お出かけが好きな、茶目っ気のある明るい、二十一歳の女性です。

まず、「一人の〝人〟としての江里である」ということをいつも中心におき、悩んだり迷ったりしながら、そこにたちかえることをくり返し、娘と生きてきました。

●引き裂かれる思い

障がいをもつ子どもの先輩お父さんがこう言ったことがあります。

「ぼくだって、好きで子どもを入所施設に入れたわけじゃない。それしか選択肢がなかったんだよ」

とてもつらそうな表情で話してくれました。彼のその言葉には、胸が詰まりました。

「障がいをもつわが子のため」、そこから出発していまや障がいをもつすべての人のために熱心に活動するその姿と、「自分の子どもを施設に入れて手放してしまった」「自分が納得しない場所にわが子を入れてしまった」という後悔をもちながらいる姿が、私にはとても苦しく感じられました。

一方で、「施設には絶対に入れない。最後まで私がこの子をみます」と言って、本当に最期まで一緒に、親子二人で誰の支援も受けずにひっそりと亡くなっていった人もいます。

実際に、「校長先生は自立させなさいとか、子離れしなさいとか言うけれど、こんな重い障がいの子のことをだれがみれるのよねぇ？　私しかみられないよ。かわいそうだし……」と話す養護学校（現在の特別支援学校）のお母さんたちを目の当たりにしたこともありります。もしかするとその延長線上に、ずっと支援に頼らず、親だけで子どもを抱えたまま生きていく姿があるのかもしれません。

●もうひとつの道はないのか

いくつもの疑問が浮かびます。なぜ、こんなにも両極端になってしまうのか？　どうして、親の視点だけで、子どもを「手放す」か手放さないかになってしまうんだろう？　いちばん大切な子ども本人の視点、子ども自身の気持ちや意思、つまり子ども自身の〝自己決定〟〝選択〟〝権利〟はどこに行ってしまったのだろう？

だけど、実際、江里もおとなになっていく。私も歳をとっていく。私たちの暮らしはどうなっていくんだろう？

当時、江里は小学校六年生。来年中学生になるのに、何をやるにもどこに行くにも母親と一緒というのは、なにか不自然。私自身も、このままずっと、私か江里が死ぬまで、介護と介助に生活の大部分を費やすことが続くのだろうか。そんな疑問がつぎつぎと浮かんできました。

私は、入所施設に「手放す」ことも、すべてを抱え込んで手放さないことも、「どちらも選べない！」と思いました。それは、〝普通の生活〟だと思えないから。そんな暮らしを娘にもさせられないし、自分もできない。いったい、どうしたらいいんだろう？

娘を施設に入所させる選択肢も、親子心中の選択肢も、私にはありませんでした。どうやってもどう考えてみても、それだけは、考えれば考えるほど、想像すればするほど、引き裂かれるような思いになりました。

それならば、大変でも、〝願い〟がかなうような手段を見つけ、それをつくっていく道を進むほうが、あきらめの悪い自分には、まだしんどくない……。

●障がい児の親になって、たくさん泣いた

子どもも私も、自分らしく生きたい。どうしたらそれがかなうの？　何が必要？

こんなふうに考えるようになったのがいつからかは、はっきりとは覚えていません。でも、江里を、「特別な子どもとしてではなく、一人の〝子ども〟としてみる視点を見失わ

ないで育てていこう、障がいのない地域の子どもたちと同じように」と決めたところから、始まっていたのだと思います。

最初からそうだったわけではありません。

江里が障がい児だとわかったとき、たくさん泣きました。わが子が「障がい児です」となったとき、泣かない親はめったにいません。でも、なぜあんなに悲しいのでしょうか。いま思えば、みんなと同じように生きられない、きっと違う生き方しかできないという絶望感が大きかったのでしょう。

もちろん、単純に、歩けないことやしゃべれないことが不憫だということもありますが、私の場合は、むしろ、みんなと同じ場所でともに生きていけない「特別な生き物」という烙印がつらかったのだと思います。

「知らない」ということは恐れの気持ちを生みます。障がい児と決まったとき、どうしていいかわからず怖かった……。なんとか「健常児」にしようとがんばりました。でも、「健常児」にはならない……。けれども、その恐怖は、そんなに時間がたたないうちに消えていきました。

なぜなら、目の前の江里は、何もできないし、育児書どおりに発育はしない「障がい児」には違いないけれど、天使のようにかわいいし、私が感じている愛情は「特別な生き物」にではなく、ただひたすらわが子への愛情そのものであり、障がいのある江里は私には、〝普通の赤ちゃん〟でしかなかったからです。

●涙と恐怖のわけ

では、私のあの涙や恐怖はどこから来たのか？

それは、私が生きてきた環境や受けてきた教育のなかで見てきた「障がいのある人たちの姿」からだとわかりました。私自身はずっと、障がいのある人と接したり、一緒に育ったりしたことはないと思っていました。でも、それは間違いで、記憶の片隅に押しやられて忘れていただけでした。突然、思い出す瞬間がありました。

そう、小学生のころ、ぎこちない歩き方と、よく聞きとれない話し方、そして、ゆらゆら揺れる体や、頭部の動きが止まらない友だちのお姉さんがいたことを思い出しました。そのお姉さんは、学校に行っていなかったのか、ほかの学校に行っていたのかはわかりませんが、妹と私が遊ぶときについてきたり、遊びにいくと家にいたりするのです。一緒に遊ぶことはありませんでしたが、学校にも行けない、遊ぶこともめったにできない「かわいそうなお姉さん」として見ていました。見た目の衝撃も手伝って、私にはショックな存在でした。

私の母も、とても常識的（？）な人でしたから、街で障がいのある人を見かけ、好奇心をもって見つめる私に「失礼だからジロジロ見てはいけません」と教えました。

いつしか、おとなになったとき、私が忘れてしまったのではなく、ほんとうに私のまわりには障がいのある人は消えてしまっていましたし、たとえいたとしても自分とは関係のない別世界の人になっていました。

ほんとうは存在するのに、街のなかにいない人、たとえいても「見てはいけない」と言われて存在をなくされてしまう人、別世界の人。同じ人間なのに……。

自覚はなくても刷り込まれていたそんな意識があったから、私は娘を「特別な生き物」ととらえ、悲しんだのだと思います。

●「めざせ、健常児！」

「違った生き方しかできない障がい児」と、目の前の「かわいいわが子」とのギャップを埋めることは、簡単ではありませんでした。気持ちの整理をつけたり、考え方を整理したり、自分のなかにある感情を見つめたり、娘の状況を嘆いたり、いとおしいと思ったり……。そうやって、自分自身と向きあいながら、江里を育てていく方向性みたいなものを模索していた時期がありました。

悩みながら最初に見つけた道は、めざせ健常児！　これは、みんなが一度は通る道ではないかと思います。だって、「弱いより強いほうがいい」「低いより高いほうがいい」「できないよりできるほうがいい」と、ずっと優生思想のなかで育ってきた私たちです。単純に「できないことは悪いこと」「できない子どもはできるように教育する、訓練する」「できない人は役にたたない」「自分のことが自分でできないと自立できない」……。〝できない恐怖症〟です。

●養護学校めぐりで感じた不自然さ

だから、日本でいちばんいい障害児教育を受けさせないといけないと、あせっていました。通園施設をふたつかけもちし、毎日毎日、自宅では外国の最新の訓練法を一日四時間くらいやるという、それこそ〝恐ろしい生活〟でした。そして、いちばんいい教育をしてくれる養護学校を探そうと、江里が二歳のころ、養護学校めぐりをしていました。

見学した養護学校はどこも、子どもの成長発達に合わせて特殊教育をするという目的で、子どもたちは障がい種類別どころか、みごとにとても細かくクラスが分けられていました。「江里はここに来たら、どのクラスですか?」と尋ねて、見せていただいたクラスは、江里のように寝かせておけば寝たきりの子どもが三人、ごろごろと寝かされていました。教室には音楽がやさしく流れていました。貼られていた日課表には、「お集まり」「水分補給」「健康観察」「水分補給」「からだ」「給食」「休憩」「グループ活動」「水分補給」と書かれていました。

他のどのクラスを見ても、同じようなタイプの子どもたち同士で構成されています。隣は、少し自力で移動できる子どもたち。その隣のクラスは、車椅子に乗っている子どもたち。別なクラスでは、歩けないことのほかは「健常」といわれる子どもと変わらない子どもが一人、教室でたったひとつの机と椅子に座って、教師から勉強を教わっていました。

あたりまえですが、肢体不自由児の養護学校には障がいのある子どもたちしか通ってきません。そのなかでもさらに、自分と同じようなタイプの子どもたちがほんの数人いるクラスに分けられてしまっている。私には、それが異様な光景に見えたのです。

いくら機能訓練をさせたくても、いくら何かできるようになってほしくても、こんなふうに、はじめから限られた環境のなか、限られた人のなかで、義務教育から高等部までの十二年間を生活することは、〝普通〟ではない。こんなふうに分けないと障がい児への教育はできないのか、疑問でした。それよりなにより、「健常児と障がい児を分ける理由は、ほんとうはなんだろう？」と思ってしまうくらいショッキングな異様さを感じました。

同時に、私のなかで大きな扉が開きはじめた気がしました。

●〝普通の暮らし〟って？

江里は自分では動くことができません。行きたいところがあっても「ここに行きたいよ」とも言えません。寝かせておけば寝たきりで、強い要求も出してこない。たとえ要求したとしても、無視しつづけてしまえば、きっと何も伝える意欲はなくなっていくと容易に想像ができます。

療育や教育が必要だからといって、そのためだけに区切られたなかにいれば、地域の人にも知られずひっそりと生きていくことになるのではないでしょうか。友だちをつくろうとしても、自力ではできません。連れださないかぎり、外には飛びたてません。

それが江里の望みだろうか？　どんなに意思表示がわかりにくい子でも、障がいがあるからといって〝普通の暮らし〟を奪ってはいけないのではないか、と思いました。

でも、〝普通の暮らし〟ってなんでしょう？

「〝普通〟や〝あたりまえ〟は、一人ひとり違うでしょ？」と言われれば、そのとおりです。けれど、私が使っている意味は、もっと大雑把なもので、もっとほんとうは深刻なことだったりします。

たとえば、知的障がいをもって生まれた子どもは、「障がい児だと診断された↓知的障がい児の通園施設に行き↓知的障がい児の養護学校小学部に行き↓中学部に行き↓高等部に行き↓知的障がい者の授産施設などに行く」というのが〝普通〟だったりしていないでしょうか。身体障がいも同じようなもので、身体障がい児の通園施設から始まり、身体障がい者の施設に通所したり入所したりするなど、ずっと同じような障がいをもつ人たちだけと生きていくのが〝普通〟の人生とされているのではないでしょうか。

私の言いたい〝普通〟は違います。〝普通の暮らし〟には、さまざまな人がいます。さまざまな個性があります。さまざまな生きざまがあります。そのなかに、知的障がいの人も身体障がいの人も精神障がいの人も、病気の人も、高齢になって介護が必要な人も、みんなみんな含まれて、ともに生きる社会がノーマルな社会だと思うのです。

お互いの違いを認めあい、理解しあい、支えあって生きることができる社会、どんな人もありのままで安心して生きられるような、地域社会をつくっていきたい！

＊

どんなに重い障がいがあっても、まわりの支援があれば、障がいを理由にして障がいのない人とは違う毎日、人生を送るのではなく、〝普通の暮らし〟ができると、私は確信しています。

ずっと〝普通〟に生きてきた私たちは、この先もずっと〝普通〟に暮らしていきたい。いままで編みだしてきた支援の方法や、ともに生きることへの考え方を、個人のものとしてだけでなく、普遍的なものにしていければ、引き裂かれる思いをしなくても、子どもも親も「私らしく生きる」ことができる。そして、ともに生きることができるのではないかなと、とても単純に考えて、「やってみようっと」と〈とも〉を始めてしまったのでした。

第１章

障がいをもつ子の親になって

著者と11歳の江里

1 簡易マザーズホームで出会った

●娘の障がいがわかって

少しでも、江里のためにできることはないのだろうか？

江里に障がいがあることがわかってからは、とにかく、江里のためにいつでも〝何か〟をしていなければ落ち着きませんでした。いま思えばですが、何かに向かって行動していることが自分を支えてくれていたのだと思います。とにかく、走りながら自分の気持ちの落ち着け先……〝障がいの受容〟っていうものをしていたのかもしれません。

〝何か〟はいろいろありましたが、大きな柱は通園施設に通うことでした。

最初に通いはじめたのは、障がい児の総合的な医療や療育・訓練を担っているとされる東京都北区十条台にある都立北療育医療センター。「ゼロ歳から通う子はいないし、浦安市からは遠すぎる。母子ともに疲れてしまうのでは」ということで、最初は断わられました。それでも、どうしても通いたいとお願いし、週に二日、通園が許可されました。江里は生後十か月でした。

医療というバックアップがあり、障がいに関するあらゆる専門職がそろっていて、障がい児のことはなんでもわかっていて、最先端の訓練や療育が受けられる場所に通いたい。

それが当時の私の願いでした。

　でも、北療育医療センターに通えるのは最初の年は週に二日だけ。残りの日々は北療育医療センターの保育の時間にやっていることを真似て、布団を丸めてごろごろさせたり坂をつくって滑らせてみたり、ＰＴ（理学療法士）に教わった訓練を夢中でしてみたり……と、家で江里と二人で過ごしていました。

　二人きりでいると不安になります。きっとこのころは、「専門家にしか障がい児のことはわからない」「江里の障がいを治したい」と思っていたのだと思います。そして、障がい児である江里を育てていく自信が自分にもなかったのでしょう。「私とこうしていていいのかな。専門家にみてもらいたいなぁ」「もっと違う〝いいこと〟があるんじゃない？」と。

　地元にも何かあるはずと、すぐに探しだし、もうひとつの場所、千葉県浦安市の福祉施設・簡易マザーズホームを見つけました。

〈とも〉を立ち上げたメンバーの多くとは、この簡易マザーズホームで出会っています。

（ここは現在は、障害者自立支援法による浦安市児童デイサービス「にじいろ」になっています。）

●障がいが違っても共通する大変さ

簡易マザーズホームは、医療的な専門性の高い通園施設とは違い、「簡易」というだけあって、いるのは保育士さんだけ。「お母さんと一緒に保育をしましょう」という場所。発達に遅れやつまずきのある子どももいれば、身体障がいをもつ子どももいるなど、幅広くさまざまなタイプの子どもたちが通っていました。

そうした子どもたちとの出会い、その親たちとの出会いが〈とも〉に通じているのは間違いありません。障がいをもって生まれてきたわが子のこともまだよくわかっていないときに、障がいの世界への入り口で、さまざまな子どもたちとともに過ごした時間は、「他人ごと」から「自分ごと」におきかえてみる視点の広がりを実体験として教えてくれました。障がいの種類別に分けて考えるのでなく、広く同じ「障がい」というくくりで活動していくベースはここから始まっていたのかもしれません。

自閉症児を抱えるママは言います。「いいなぁ、江里ちゃんはおとなしくてニコニコしてかわいくて……。うちの子なんてさ、いっときもおとなしくしてないし、すぐどっかにいなくなっちゃうし、目が離せないもん。こないだなんて、水道の水ジャージャーやって、ひどい目にあった！」

「そうだよねぇ。でも、江里も手がかかるんだよ、ずっと寝てるわけじゃないし。一人では何もできないから、着替えさせたり、お風呂入れたり、ご飯食べさせたり。ずっと一日中抱っこしてるようなもんでさ、腰は痛くなるし。このあいだなんて、まだ三十歳なのに四十肩になっちゃった……。動ける子がうらやましいよ」

「そうかなぁ、でもうちの子なんて、置いとくとなんでも食べちゃうしさっ。こっちの言うことは聞いてんだか聞いてないんだかわからないし。ニコニコなんてしないし！」

「でも、いいじゃない、自分でおなかすいたらなんでも食べられるってことは、すごいことじゃん。江里なんて自分で飲むことも食べることもできないから、自分で命さえ守れないんだから！　それに、私も身軽に追いかけてみたいよ。ずっと動かない子どもといると、自分もずっと動けないんだから、そこから。それにさ、いたずらとか迷惑とかでも人とかかわる機会があるじゃない。江里なんて私が連れださなきゃ、人とのかかわりなんてないんだよ。人にかかわってくださいっていうのはすごく勇気がいるんだから—」

「自分で食べられないって大変なことだね」

「いつも気が休まらないママの大変さもわかる気がするよ」

「私たちってさ、タイプは違うけど、おたがいほんとうに大変だよね」

難治性のてんかん発作をもっている子、昼夜逆転してまったく眠ってくれない子、ダウン症で発達に遅れをもつ子、心臓手術をした子、体を自由に動かすことができない子、耳の聞こえが悪い子、手術をくり返さなくてはならない子、うまく発語ができない子、こだわりがすごく強い子、すごく多動な子、家族や医療からの差別を受けている子。子どもの状態だけでなく、障がいの受容ができなくて、自分が苦しんで病気になってしまったお母さんなど、親や家族の状態も一人ひとりがさまざまな大変さをもっていることをおたがいに知りあうことができました。

うらやましがったり、反目したりすることでは何も解決されない。みんな同じように大変な私たち。〝障がい児の親〟という仲間として手を取りあっていくほうがずっと楽しく、大変さが減っていく。それに、どこまでも少数派、けれども共通することがたくさんある仲間。だったら、少しでも多数派になったほうが賢いかもしれない。私たちの大変さを伝えていこう、変えていこう、一緒に……、という気持ちが簡易マザーズホームの出会いから生まれました。

「自分だけじゃないんだな」ということや、「自分と違う人の困難さ」とかに気がつき、違うように見えても共通してるな、という想像力をもつことは、豊かさを生むものです。自閉症と重症心身障がいは違いますが、求めることのなかに共通するものがあるのではないかと思ったのです。

●簡易マザーズホームとこども療育センターに望んだこと

北療育医療センターに通っている子どもは、身体障がいをともなう重複障がいの子どもがほとんどでした。毎日の訓練時間には、ＰＴ（理学療法士）が個別でみてくれる時間も確保されていました。それ以外にも、ＯＴ（作業療法士）やＳＴ（言語聴覚士）の指導時間もとられ、個別の状態に合わせて出される給食の時間には摂食の指導もおこなわれるなど、充実した訓練を受けることができました。保育の時間も専門職が保育士さんと一緒に保育に参加して、発達をうながし身体の機能訓練のためのメニューが組み込まれた、目標のある保育が実施されていました。子どもだけでなく親に対しても、母子分離の時間に専門職による研修が用意されているなど、母子ともに充実した内容でした。

一方、当時の浦安市では、専門的な療育に関しては、こども療育センターが外来個別指導というかたちで担っていました。こども療育センターと簡易マザーズホームは同じ建物内にあるため、月に一回か二回、こども療育センターから臨床心理士とSTが簡易マザーズホームに巡回に来て、保育士さんや保護者にアドバイスしていました。北療育医療センターに通っている私にはとてもものたりません。たしかに簡易マザーズホームには、江里のような重複障がいの子どもの数は少ない。けれども、身体障がいの子どもを含めるとそれなりに人数はいるし、たとえ知的障がいだけといわれている子どもたちにとっても、生活動作をみるOTの指導や摂食指導などは、私たち新米障がい児ママが子育てするには必要な専門性なのに……。

そのころは、いまとは違う切迫感での「必要性」ではありましたが、身体障がいに対する支援サービスがないのはおかしいし、遠くまで機能訓練に通わなくてはならないしんどさもあり、「通いやすい地域のなかにあるこども療育センタトが、障がいをもつ子どもと私たち親をサポートしてくれる中心施設になってくれたらいいのに」という気持ちが大きくなっていきました。

先輩お母さんたちからは、「浦安市は、身体障がいの子は住めないところなのよ、なんにもないんだから。みんな学校に行くときに引っ越しちゃうんだから」という話も聞きました。実際、福祉を求めて引っ越していった先輩を見送りもしました。

ないものを求めて外に行くのも、もちろんひとつの方法。けれど、自分たちが暮らしているこの地域で、通っているこの施設に、それを求めることもできるのでは？

北療育医療センターと簡易マザーズホームでは、都立と市立の違いがあります。けれども、発達障がいの子どもや知的障がいの子どもに関しては、浦安市もすでに実際にこども療育センターで心理・言語のメニューをもっていたのです。同じように、身体障がい児にも必要なことがあることを伝えていこう、と思うようになったのでした。

（この後、一九九四年、願いが実り、こども療育センターにはＯＴとＰＴによる機能訓練のメニューが加わりました。）

2 みんなで動いてみよう

●仲間との出会い

こども療育センターと簡易マザーズホームがもう少し充実した内容にならないかと思っ

ていたのは、私だけではなく、ほかのお母さんたちも同じでした。保育の仕方や、日課、交流保育への要望など、たくさんの希望を私たちはそれぞれもっていました。

初めての障がい児の子育てに絶望や不安やとまどいを感じている仲間が、障がいの種類こそ違ってもたくさんいて、みんなそれぞれが同じような思いでここに通ってきている。その現実が、おたがいの支えになっていたのだと思います。そして、共通の願いをかなえることに向かうなかで、支えあうだけでなく、新しいものを生みだすことになっていったのです。その原動力こそ、仲間だったのだと思います。

簡易マザーズホームへの不満や願いとともに、「この先、子どもたちをどうするか？」というもっとも大きな就園・就学の問題がありました。障がいをもつ子どもと親にとって避けては通れない、越えなければならない大きなハードル、大きな道の分かれ目でもあります。親が障がいの受容をしつつ、この局面で深く考え、悩むことは、今後の子どもの人生に深くかかわる問題でもあります。

その道を通ってきたいまはそう言えますが、そのころは、ただ、その重要さを感じるだけでした。感じていることは、とてもシンプル。

「障がい児っていうけれど、特別じゃない。まずは一人の子どもであることに違いはない。学校だって、障がいがあるからって障がい児だけの学校じゃなく、まわりのお友だちと同じように普通の学校に行かせたい。〝普通〟に育てていきたいんだけど……」

でも、親の私たち自身も、障がい児分離社会に育っています。

「そんなのって、できるのかな？」

日ごろから、簡易マザーズホームで、子どもを抱っこしながら、追いかけながら、話を聞きながら、時間を見つけては話していた仲間三人、康ちゃんママ、ともママ、そして私は、今後のことを話すため、簡易マザーズホームでの「母子分離」の日を待ちに待って、やっと集まりました。そこが、まさに〈とも〉の原点、〈浦安共に歩む会〉の始まりでした。

●地域で育てよう！

ともママの家の和室で、コンビニ弁当片手に集まった三人。そこで話したことは、「どうやったら幼稚園に入れることができるか？」でした。

浦安市は、公立の幼稚園が学区ごとに小学校の付属のようにありました。地域の小学校に子どもを入れると決心が固まったら、「学区の幼稚園に入れる」ということが、子どもと自分たちにはベストな進むべき道だったのです。

一足飛びでこの結論があったのではありません。私は、江里が二歳のときから県内外の養護学校（現在の特別支援学校）めぐりをしています。三人で、簡易マザーズホームの主催する学校見学にも参加し、市内の特殊学級（現在の特別支援学級）や千葉県の養護学校をいくつも見学していました。それぞれに、子どもをどう育てるかを真剣に考え、情報も集め、勉強していました。

そんな私たちの〝普通に育てたい〟という気持ちに共感してくれる保育士さんの存在もありました。私たちの考えを「それもありだよね」と受けとめてもらえたのは、あたりまえと思う一方、現実的にはラッキーな出会いだったと思います。

同じ意味あいで、簡易マザーズホームが当時おこなっていた障がいのない子どもたちとの交流保育も、わが子が障がいのない子どもと一緒にいるときのようすや、障がいのない子どもたちが障がいのある子どもにどうかかわるかを、直接自分の目で見られる絶好のチャンスでした。不安でいっぱいの私たち親は、そこから勇気をもらい、実際に障がいのない子どもたちと育っていくなかではどんなことが起こるのかを知る、とてもいい機会になりました。一緒に育つことのすばらしさや、「やっていけるかも」という実感をもてたのも、この交流保育があったからだったかもしれません。

その先に「地域で育てたい」という目的がなければ、〝交流〟といっても、わざわざ「障がい児ってこんなですよ」と「特別な子ども」の存在を知らせにいくようで、よいイメージはありませんでした。けれども、「地域で育っていくために、保育園や幼稚園に入れたい」という明確な目的があり、そのお試し版として活用できた私たちには有意義な取り組みでした。実際、この交流保育で知りあった子どもたちが、小学校に入ったときには、幼稚園以外のお友だちとなりました。江里もお友だちも、「あのとき一緒に遊んだね」ということをしっかりと覚えていました。あのときはお客さまでしかなかった江里は、彼女たちのクラスメイトになりました。

●みんなで一緒に考えよう

集まった私たち三人は、それぞれ市内の違う地域に住んでおり、子どもの障がいもそれぞれ、自分たち自身の個性もそれぞれ、家族構成もそれぞれでした。共通点は、ぼんやりではあっても、そこはゆるぎなく「障害児だけがいる風景がえらく不自然だと思っている」こと、障がい児なのはわかっているけれど、「わが子を一人の子どもとして、価値ある存在と思える」こと、「わが子がかわいくてしようがない」こと、「子どもの発達や可能性に対して、療育や機能訓練など、できるかぎりのことをしようとしている」こと、「子どもの環境をつくるためには、自分たちで何かしよう!と思っている」こと、そして強い妻だったこと(?)があります。

障がいをもつ子どもを地域の普通学級で育てると、発達をあきらめたり、必要な教育が受けられないと思ったりしがちではないでしょうか。私たちは、「普通学級で育てることが、何かをあきらめることではない」と、はじめから考えていた気がします。何かをあきらめたり、失ったりするのではなく、「地域のなかでともに育ち学ぶために必要なものをすべて用意していく」という発想。「そのためには、どう動いていったらいいのか？」と考えてきました。

まず、地域の小学校に入れるためには、地域の幼稚園に入れるんだ、と決めました。幼稚園は保育園と違って保育時間が短いので、子どもの負担が少なくてすむと思いました。それに、小学校に上がるためには友だちは多いほうがいい！　小学校は幼稚園から上がってくる子どもがほとんどであったことも理由です。

そしてもうひとつの大きな理由は、自分たち親も地域のなかにデビューするということです。私と康ちゃんママにはほかに子どもがいませんでした。とくにマンション暮らしの私は、このまま、障がい児だけが通う簡易マザーズホームに通いつづけ、そのまま養護学校に行ってしまえば、地域の人との出会いはないままです。幼稚園は送り迎えを親がおこない、行事もたくさんあり、いやでも地域の活動に参加し、ネットワークが広がります。怖い気もするけれど、一人の子どもとして地域で〝普通〟に育てるのなら、親にとっても当然のプロセスです。

「でもさ、どうやったら幼稚園に入れるの？」

「なんにもできないから、だれかつきそってくれる人がいないと。担任だけじゃ無理じゃない？」

「介助って、どこに頼むのかな？」

「そもそも、市役所のどこに相談に行けばいいのかな？」

「一人で行くの？」

「行ける？」

「行けない」

「パパも一緒に行くしかないね」

と、つぎからつぎへと疑問がわいてきました。三人の集まりの最後にたどりついた結論は、「私たち以外にもマザーズの仲間で幼稚園に行かせたい人って、いるんじゃない？」ということでした。即刻、簡易マザーズホームのママたちに呼びかけました。

「私たちは地域で〝普通〟に子どもを育てていきたい。だから地域の普通学級に入れたい。そのために幼稚園に入れたい。それ以外にも、マザーズに要望したいことや、生活のなかで困っていることなんかを、みんなで集まって話し合わない？」と。「なるべくパパも連れてきて」と加えて。

第2章 〈浦安共に歩む会〉が始まる

レクリエーションの芝滑り
「療育」の枠組みをこえて地域の人びとともに

たった一人だったら、力を出しきれなかったかもしれない。力を失ってしまったかもしれない。共感し、肯定してくれる仲間の存在があることは、なにより、前に進む原動力となるのはいうまでもありません。同じ年に生まれた江里たち三人の出会いを原点に、〈浦安共に歩む会〉の活動は始まりました。

1 地域のなかで育てていきたい

●思いを出しあう

簡易マザーズホームのママたちに呼びかけ、最初に集まったのは十八家族。自治会の集会室で子どもたちが泣いたり走りまわったり、寝てしまったり、ママたちから離れられずにまとわりついたり……。喧騒にかき消されないように、親たちは大きな声を張りあげて話し合いをしました。

「みんな、こんなふうにいろいろなことを思っているんだ」というのが第一印象でした。まだ子どもは未就学の年ごろ。障がいをもつ子どもの初めての子育ては、先が見えない不安や心細さと、「なんとかしなければ」というあせり、自分自身がこの現実を受けとめていく、いわゆる障がいの受容など、いろいろな気持ちや感情を抱えながらのもの。パパもママもみんな、どう育てていけばいいのか、近い将来、遠い将来へのたくさんの不安を抱え、迷い、揺れ、孤独なのだと感じました。

それぞれが、それぞれの思いを、願いを、困っていることを、とにかく口に出してみる、というふうでした。

そのころの私は、市役所には住民票を取りにいったことくらいしかなく、「福祉って何？」という状態。市役所に障害福祉課があることも、教育委員会が子どもの就学の決定権をもっていることも知りませんでした。ほかのママたちも同じようなものでしたが……。

「地域のなかで〝普通〟に育てていきたい。だから、地域の普通学級に行かせるためにも、まず幼稚園に入れるにはどうしたらいいのか？」がメインのテーマだったのですが、話し合いで出てきた内容はじつにさまざまでした。

「市役所の窓口に行っても、いろいろなところにまわされて、よくわからない」

「オムツの枚数が足りない」

「きょうだいの学校の行事のときに預かってほしい」

「将来、働くのはどうするのか？」

「リハビリを地域で受けたい」

「マザーズホームの内容を見直してほしい」

「うちは普通学級に行かせるつもりはないから、養護学校や特殊学級の内容が知りたい」

「施設がどこもバリアだらけだから、出かけられない」

などなど。

障がいをもつ子どもと生活していくと、日々、困難と感じることがたくさんある。それが、障がいのない子どもと生活していくなかでは起きないのに、障がいがあることで不都合が起きるのなら、それは、おかしいんじゃないのかな、改善すべきことなんじゃないのかな、と。

「どう育てたいか」ということと並行して、この日、日々の暮らしのなかにある一人ひとりがもっていた問題を出しあい、共有することで、私たちはひとつの結論に至りました。

「私たちは親として、みんなで考えて具体的に動いていこう」と。

●〝会〟をつくる

まず、何をするか。一人ひとりの抱えている問題について、浦安市と話し合いの場をもつこと。そこから解決できないものか？

みんなの声をまとめた要望書をつくり、市と話し合いをすることにしました。

そうは決まっても、そのころは行政の仕組みもわからず、それぞれの抱えている問題を市役所のどこにもっていけばよいのかすらわからない始末。聞くところによると、行政と話し合うには〝会〟にしたほうがいいらしい、ということで急きょつくったのが、その名もズバリ〈浦安市の福祉と教育の改善を要望する会〉。メンバーは十八家族。一九九三年八月のことでした。これが〈浦安共に歩む会〉の前身です。

最初の市との話し合いでは、現状を伝えることで理解を得られる可能性が大きくなるという自信になりました。でも、一方で、問題が解決されるというよりも、その問題の背景にある別な問題がみえる結果となり、多くの「？」がわきおこってしまいました。同時に、いま、自分たちがおかれている現実に直面したともいえました。

本気になってみんなで力を合わせていかないと、「地域のなかでともに子どもたちが幸せに……」は難しそう。

私たちの市への要望のなかで、長い時間待てるものはありません。なにしろ、子どもたちは日に日に育っていくのですから、待ったなしなのです。いまのこの子に必要なことは、まさしくいま必要なのです。将来用意されても、そのときには必要がない、ということもあります。

要望書に書かれた項目はどれも、適切な支援のもと地域であたりまえに暮らしたい、という一人ひとりの願いです。それがなぜ、かなえられないのか？　どうしたら、かなえられるのか？

問題を解決するにはさらにどうしたらいいのかを考えて、願いの実現のためには、これからも〝会〟として動いていくことになりました。

もうひとつ、〝会〟として続けていく理由がありました。

第１回の要望と回答

要望	教育委員会の回答
1　障がいの重度・軽度にかかわらず、親が学校を選択できるようにしてほしい。学校側の受け入れ態勢の充実や介助の先生の配置も考えてほしい。	1　親の意見を尊重している。学校は県レベルだが、市独自の対応は前向きに検討する。
2　どの幼稚園や学校でも、子どもの受け入れに差がないように指導してほしい。	2　ないつもりだが、何かあれば言ってほしい。
など16項目	

要望	保健福祉部の回答
1　障がい児に関する窓口を一本化してほしい。	1　一本化は無理。
2　これからできる施設には、スロープや寝たきりの人でも使える更衣室やシャワールームなど施設を整えてほしい。	2　最善を尽くす。
3　一時預かりの施設の設置や障がい児のホームヘルパーの充実をはかってほしい。	3　ヘルパーについては心がける。一時預かりの施設は難しいが、金銭的な助成の対策について検討中。
など16項目	

（会報誌『浦安共に歩む会』創刊号から抜粋）

私たちはそれぞれの地域の幼稚園・小学校で〝普通〟に子育てをしたいと思っている。それは、簡易マザーズホームをはじめとして、障がい児の親子だけの集団から離れることでもありました。子どもが同じ年齢の仲間は、同じ浦安市でも、それぞればらばらな地域の幼稚園や学校に通っていくのです。親も子も毎日会えないし、つながらない……。それは不安でした。地域のPTA活動とは別に、障がいのある子どもの親たちがつながれる場も同じように必要としていたのでした。

●一人ひとりの問題をみんなで考える

この会が活発に活動でき、やがてNPO法人に発展した背景には、いくつかの要素があります。ベースにあるのは、何も縛りがなかったこと。趣旨に賛同さえすれば、だれでも、どんな考えの人とでも一緒に活動してきました。

たとえば、出発は「幼稚園に入れよう」という目的でしたが、会が始まってからは、特殊学級（現在の特別支援学級）や養護学校（現在の特別支援学校）に通う子どもと親もいました。普通学級に入れるための会ではありません。多様な価値観を認めあいながら、みんなでつくっていくものでした。

そして、〝組織〟をつくろうとしたのではなく、あくまでも一人ひとりの問題を解決するために共有される場であったことです。「たった一人が抱えている問題も、みんなで考えようね」というのが、はじめからあった私の思いでした。

●障がいにこだわらない多様な会員

その後、一九九五年に〈浦安共に歩む会〉と名称を変えたこの会は、障がい児の親だけの集まりではありませんでした。

障がい児の親が中心ではあったものの、それ以外にも大学の先生、保育士さん、行政の職員など、さまざまな立場・年齢の方がいました。「障がいをもつ子どもたちも地域のなかで、幸せに豊かに過ごせるように」という会の趣旨に賛同していれば、いろいろな価値観や多様な考え方の人をも大きく含み込んで活動してきました。ここからたくさんの学びがあり、それらは、いろいろな人が暮らす地域づくりを進めるうえで、いまも変わらず大切にしていることです。

私が江里の障がいを知ったとき、そして、障がいがあっても一人の子どもにすぎないと感じられたときのこと……。

「知らなかっただけなんだ。わかっていたら、恐れることも、知らんふりすることもなく、同じ社会の仲間として、興味をもったり、かかわったり、助けが必要なら手伝ったり、障がいがある人も一緒にいることを前提に物事を考えられたはず」

この自分の気づきから、単純に、ありのままの姿をたくさんの人に知ってもらうことができたら、きっと、江里たちは〝特別な生き物〟としてではなく、友だちとして、地域のなかの一人の仲間として受け入れてもらえるに違いない。そして、いろんな人と一緒にいることが、問題を「他人ごと」から「自分ごと」に少しずつひきつけていける方法だと。そのころははっきりとではなくても、そう感じていました。とにかく、「同じ種類の少数で固まらないで……」って。

まだ幼い障がい児を抱え、いっぱいいっぱいだったころの私たちには、よほど意識しなければできない至難の業だったなぁと思います。わが子のことだけで必死なのですから。けれども、必死というなら、自分たちを理解してくれる仲間を求める気持ちも、同じくらいあったのかもしれません。

ですから、会の活動にも、親だけでなく、地域の賛同してくれる人の参加は、本当に必要でした。まずは、「障がいをもつ子どもと親の大変さ」を理解してもらえることは、私たちを元気にしてくれました。当事者じゃなくても、私たちが困っていることや腹立たしいと感じることを同じように感じてくれ、一緒に怒ったり、泣いたり、解決に向けて力を貸してくれる人がいる。それは、理屈を超えて私たちの力になっていたと思います。いわゆるエンパワーメントされるのです。また、障がいをもつ人だけが大変なわけではないことも、その人たちは教えてくれました。

そして、「障がい児の親である私たちだけの問題だ」と思っていたことを、「それは、地域の障がいをもたない人たちの問題でもあるのだから、同じ仲間として考えようよ」と受けとめてもらえ、あきらめないで進んでいける勇気を何度も与えてくれました。

この輪が広がっていけば、私たちの望む「障がいをもつ子どもたちも地域のなかで、幸せに豊かに過ごす」ことが可能になるよ、きっと。とても単純にそう思っていました。

会員だけでなく、毎月一回の定例会の際に、子どもたちの保育をしてくださっていた、年齢層がとても幅広いボランティアの方たちにも助けられました。

2 入園交渉と父親たちの活躍

●子育ての方針を問われる選択──父親たちの参加

会員に関してはもうひとつあります。それは、パパたち男性軍の参加が多かったことです。

子育ては、両親がいるなら、役割分担はあっても二人で一緒にするものだと思います。「障がい」という問題があればなおさら、父親がどう育児にかかわってくれるかで、子育ては大きく変わっていきます。ことに幼稚園や小学校の選択という問題が出てくる時期になると、なおさらです。

「健常児」といわれる子どもを育てる親も、当然、進路などには真剣に向きあって決めていくのですが、ことの進み具合が、「障がい児」となったとたんにグーンと遅く重くなってくるのです。ちょっとの高さの敷居をまたいで入るのと、大きな壁を打ちくだいてしか入れないほどの差がある、というのが実感です。

実際、四人の子どもを育てたママ友だちは、小学校の入学通知が届いていたことも忘れるほど、学区の小学校に行くのはごくごく「あたりまえのこと」で、「入れない子どもがいるなんて考えたこともなかったわ」と言っていました。私は江里の就学通知をもらって、うれしさに号泣してしまったのに……。

幼稚園入園の大きな壁は、これからどんなふうに子どもを育てていくか、子育ての方針について、それぞれの親に課題を突きつけることになります。親として二人で考え、答えを出すことは避けられないことです。

長い先の将来までは見通せなくても、地域の学校ではなく遠くの養護学校に行くのか。普通学校ではあるけれど、自分の学区ではない特殊学級に行くのか。地域の普通学級に行くのか。あるいは、先はわからないけれど、とりあえず幼稚園だけは、地域の子どもたちといられそうだから行くのか。それとも、幼稚園にも保育園にも行かないで、簡易マザーズホームに通園しつづけるのか。幼稚園と簡易マザーズホーム両方に通えないか……。

今後、どう育てていくかを問われる大きな局面と同時進行で始まった会の活動は、自然と父親たちを会の活動に引き寄せることになりました。

きっと、「親の会があるから来て」と言っても、なかなか参加してはくれなかったのではないかと思います。でも、「うちの○○ちゃんの幼稚園のことで話をしにいくから、来て」とか「うちの○○くんを幼稚園に入れようと思ってるんだけど、どうもすんなりは入れそうもないから、みんなで集まるんで一緒に来てくれない？」「幼稚園にも入れないみたいだよー、両親でお願いしにいかないと……」となれば違って当然かもしれません。

「会ありき」ではなく、「わが子ありき」でほんとうによかったと思っています。この出発点だったから、パパたちはそれこそ〝自分のこと〟として参加したのです。また、そこからつながった絆はとても強いものです。

会に参加した人のうち、「〝普通〟にみんなと育てたい」と願う江里と同じ年齢の子どもを抱える親は七人いました。その七人に続く親子、また先輩親子を交えながら、とにかくスタートは幼稚園のこと。

「幼稚園の入園交渉は、それぞれ希望する幼稚園に直接行くということになるらしい。それを早くしたほうがいいよね」と、おたがい地域が違うので、それぞれの地域事情や情報を集め、そのたびに話し合いながら始まったことが、パパの参加をうながす結果となりました。

●入園交渉は両親そろって

先陣を切ったのは、私たちの家族です。「二人の子の入園問題なのだから、二人でお願いにいく」、これが私の譲れないことでした。はじめは「よくわからない」と言っていても、ちゃんとママたちが説明できれば、パパたちは、仕事のなかで培われた能力を使って、交渉を上手に進めることに重要な役割を果たしてくれました。

たとえば、江里のパパはすごく熱心に人に思いを語ることができます。それに策略家なので、ときに私に話させてみたり、自分が一気に話したりと、相手に伝える手段を駆使してくれます。入園の交渉でも、園長先生から「ご両親のお子さんにかける愛情に圧倒されました。本来はできないことだと思いますけど、なんとか教育委員会とも調整をしてやってみます」と入園拒否はされませんでした。

「どうだった?」とみんなが聞いてきます。「もしかすると交渉上手なパパがいたからできたんでしょう」「江里ちゃんは、動きまわったりしないから、人に迷惑かけないからじゃない?」「うちは大丈夫かなぁ」。

「とにかくパパを連れていったほうがいいよ」と私は伝えました。ほとんどみんなそのつもりでしたが、それでも「えー、うちのパパは何もしゃべれないよ」「いいよ、とにかく隣にいてもらえば」と。「そのかわり、何か聞かれたらその場ではママに同意の『うん』と言ってもらってさ。なにしろ肯定するようなことは言ってもいいけど、否定語は絶対使わないほうがいいよ」と言ったら、本当に、何も話さないで、「女房の言うとおりでございます」と言ったお父さんもいたりして……。

みんな違うキャラクターのパパたちですが、「両親そろって行く」ということだけを基本として、つぎつぎと地域の幼稚園への交渉が進みました。どこかが成功すれば、「他の学区では、この子みたいな、いいえ、もっと障がいの重いお子さんも入れてくれるって言っていましたよ」「補助の先生をつけてもらえるそうです。園長先生が教育委員会に頼んでくれたと聞きました」と、もちよった情報のよかったことをそれぞれ使いながら。

七人すべて、幼稚園への入園交渉は成立しました。交渉上手でも、話下手でも、なんでも、それぞれのやり方で、両親セットで行くという大前提を崩さずに。両親そろって子どもの進路を拓いていくプロセスを踏めたのは、それ以降の子育てにも、〈浦安共に歩む会〉の活動にも、とても大切な体験になったと思います。

こうして、最初はパパたちは半ば引きずられての参加になりましたが、あっという間に会の活動において必要不可欠な存在となりました。交渉上手な江里パパは会の代表になり、徐々にパパたちの自主性も発揮され、その参加スタイルができました。

行政との対応でも、私たち母親が行くと「へへン」って態度が、男性たちが行くときちんとした対応に変わることを経験してきた私たちにとって、行政との話し合いでは、パパたちの社会性（？）はなくてはならないものでした。講演会、勉強会、イベントなどでも、パパたちの行動力と明るさ、団結力が会を支えてくれました。「お父さんたちの参加が多いですねぇ。こんなに男性の参加の多い会を見るのは初めてです」と、会で招いた講師の方々にはかならず言われたほどです。

●父親たちの活躍

父親と一緒に活動をすることには、大きなメリットがたくさんあります。講演会や勉強会に一緒に参加すれば、父親たちにも情報と知識が身につきます。「わかんないから、ママの決めたのでいいよ」なんていうことではなく、自分の意見をもって議論ができます。

定例会をはじめ、市に提出する要望書の内容を練ったり、市との回答会に出席すれば、一日の多くの時間が職場で、理解したくても理解しにくいママたちの子育ての実情や、日常の暮らしのなかでの障がいをもつわが子のようすがよくわかります。わが子や妻が日々、どんなことで困っているのか、悩んでいるのかもわかります。自然と、子育てに積極的になって、「自分も子育ての役割をもっているんだ」と再認識することになり、「自分もできることはやろう」と思ってくれるようになるのです。

結果、父親たちが子育てに参加してくれることは、母親たちの大きな力となりますし、子どもたちの健全な成長の大きな糧になります。

わが子だけではありません。会の活動に参加していれば、いろいろな障がいの子どもの現実も見えてきます。すると、わが子を含めた大きなくくりでの障がい児、障がい者の社会での〝扱い〟や〝位置〟を感じます。そして、「うちの智博の場合は、それでいいけどさ、それだけだと江里ちゃんは困るよね？」などと、全体を見る力を発揮してくれます。ママたちが目のまえの自分たちしか見えなくなっているときも、パパたちは広い視点で見直し、意見をくれました。同じ親でも、少し距離のあるぶん、客観的に物事を見る力に「さすが」と思ったことが何度もあります。そうやって、父親たちの〝男性的な役割〟をしっかりと活用してきました。

世の中にはいろいろな人がいます。〝男性性〟〝女性性〟とか、〝障がい〟〝健常〟とか、〝若者〟〝高齢者〟とか、いろいろ分けられたカテゴリーがあるのだとすれば、それらの枠をとり払い、それぞれのよさを発揮して一緒に活動するほうが、効率的で、楽しくて、成果があげられる。そのことは、会の活動を通して身につけたのかもしれません。

●親たちの心のケアの場として

そんな、文字にすると戦略的とも思える父親たちの参加の始まりでしたが、みんなが集まりはじめて、やっとこ〝会〟らしくなったころ、パパたちの飲み会が始まりました。「ママたちに対して大手を振って飲みにいけるからさっ」とか言って。みんな、めちゃめちゃ楽しそうでした。夜中まで大変なもりあがりようだったそうです（いまでもこの飲み会は続いていて、男性陣の絆の強さと友情には、ある意味、感動すら覚えるほどです）。

ふと思ったことがありました。

「パパたちは、どうやって、子どもの障がいを受け入れてきたんだろう？」

子どもが小さくて、「障がいがあります」って言われたばっかりで、毎日毎日明けても暮れても子どもと一緒にいる妻の生活や子どもの「障がい」を受け入れていくことは、大変なことです。私は自分の気持ちと子育てでいっぱいいっぱいで、そのころはパパがどんな気持ちで日々いるかなんて考えたこともありませんでした。

パパたちは孤独なのではないかと思いました。会社の同僚や上司に、「ぼくの子、じつは障がい児でしてねぇ。まいりましたよ」と言える父親はそんなに多くない気がします。家でも、泣いている妻を慰める役にまわることも多いのではないでしょうか。きっと、一人で孤独に現実を受けいれていたのかな、がんばって強くあろうとしていたのかな、と思います。

その意味からも、早い時期から同じように障がいをもつ子どもの父親たちに出会い、同じ浦安市に暮らす仲間ができたことは、救いだったのかもしれません。

会で、お母さんのためにがんばる、子どものためにがんばることは、パパたちにとっても、〝親の心のケアの場〟としても機能していたのです。

ここまで書くと、父親が一緒に活動することだけが大事のように聞こえるかもしれませんが、一律に何が必要ということではないと思っています。家庭によってそれぞれの事情があり役割があり、環境が違います。子育ては父親がして母親が働いている家もあるでしょうし、家事も育児も半分ずつ分担している家もあれば、役割を決めている家もあるでしょう。親のパーソナリティもそれぞれです。みんなで活動するのが好きな人、話すのが得意な人もいれば、そうでない人もいます。そのように、育児も会の活動も、家庭によってやり方は違って当然だと思っています。

「障がい者の最初の差別者は親だ」という言葉があります。私はそうなりたくないと思っていました。子どもを価値ある一人の人として、育てていける親でいたいと思っていました。そのために私には、たくさんの情報や知識が必要でしたし、みんなが議論できる会の活動が必要でした。

●イルカスイミングクラブを始める!

もうひとつ、パパたちの活躍で実現したことがあります。

子どもがまだ小さく、障がいがわかったばかりのころは、少しでもわが子の障がいを改善できないか、少しでも健康や発達によいことはないか、そんなことばかり考えていました。〈浦安共に歩む会〉の仲間たちも、それぞれ、病院や訓練法、民間療法・療育など、いろいろなことをやってみたり、本を読みあさったりして、情報を集めていました。

私ももちろんその一人でした。ある日、『スキンシップ水泳療法――障害児に水の楽しさと泳ぐ喜びを』（池田君子編著、すがわらけいこ絵、ぶどう社）という本に出合いました。ママ仲間に話すと、障がいのない子どもたちがたくさんスイミングスクールに通っていることもあり、わが子にスイミングをやらせてみたいと思っているママたちが、障がいの種類別を超えてたくさんいることがわかりました。

さっそく〈浦安共に歩む会〉として、浦安市に要望を出しました。でも、当時の障がい福祉課の担当職員に言われたのは、「率直に言って、どうして障がい児がプールに入りたいんですか？　体も不自由で泳げないのに」。

スポーツは元気な体をもつ人たちがおこなうものというイメージがあったのでしょう。このときに思ったのは、障がいがある人にとっての水がもたらす効果をしっかりと伝える必要がある、ということ。そうでなければ、だれも協力してくれず、話は先に進みません。

私たちはわが子に、障がいがある人たちに対しての療育効果を望めるようなスイミングを求めていました。だから、本の著者である池田君子さんに指導してもらう水泳教室を始めようと決めました。

「始めよう」といっても、私たちが考えていたのは〈浦安共に歩む会〉で教室を運営するということではありませんでした。当時から、「障がい」というハンディに対して必要な支援は公的な支援として用意してほしいという感覚がありました。ですから、〈浦安共に歩む会〉の要望は、浦安市による障がい児水泳療育の開設でしたが、浦安市には当時、屋外の夏場に開かれるプールしかありませんでした。障がい児にとってのスイミングの意味もなかなか理解されず、実現は難航していました。

障がいがある人にとって、水泳療育は大きな効果があります。けれども、水は危険もともないます。とくに障がいがある人がプールに入る場合、民間のスイミングスクールのように何人もの生徒を一人の先生でみるなんていうわけにはいきません。ほぼマンツーマンかそれ以上の人手が必要です。講師料もかかります。私たちが主催するとなると、プールの賃料を含めて、一人あたりの参加費は相当な額になってしまいます。補助金がなければ運営はできません。たび重なる話し合いのすえ、浦安市は、室内プールができたら無料で貸しだす約束と、療育事業の運営費の補助金を出してくれることになりました。

もうひとつ難航したのは、肝心のプールを借りることでした。市内中の民間プールに一軒一軒アポをとってお願いにまわったのは、康ちゃんパパと江里パパです。でも、行くさきざきでやんわりと、ときには露骨に、「障がい児が入ると水が汚れるから」「設備がなくて事故が起こったら困るから」「ほかのお客さんの迷惑になるから」などの理由で断わられては帰ってきました。どんなに交渉上手なパパでも、障がいに対する理解のハードルは高く、どこからもＯＫは出ずに、悔しく、悲しい思いをしていました。

康ちゃんバアちゃんの人脈も使ってやっと貸してくれたプールは、「だれも使っていな

い お昼休憩の一時間だけなら」「ただし、特別な配慮はできない」「回数は半分でも、普通の子どもたちと同じ月会費を支払う」という条件がついていました。それでも、借りることのOKが出たときには、うれしかった……。みんなで喜びました。イルカスイミングクラブと名づけました。

〝普通〟のスイミングスクールは五体満足な人だけを対象としているのですから、当然、会場のプールはバリアだらけで苦労しました。水で濡れていて滑りやすい階段を、歩けない子どもを抱っこして慎重に上り下りしたり、男女に分かれた更衣室でママが男の子を着替えさせる場所が確保できなかったり、体温調節ができにくい子どもの冷えた体を温めようと大急ぎでモコモコ厚着をさせて二階の見学席に行ったり、寝たきりの子を寝かせる場所もなく、細く硬いベンチで着替えさせたりと、環境の大切さも痛感しました。

いま思うとよく通っていたなと思うほどですが、四年間お借りできたからこそ、いまがあります。そこで、障がい児がプールに入っている姿を見て、声をかけてくれたり、プールに一緒に入るボランティアに名乗りをあげてくれたりした方もいます。地域でともに心豊かに生きることをモットーとしていた〈浦安共に歩む会〉の私たちらしい、大きな一歩でした。

このときの経験が、浦安市の屋内プールができるとき、とても参考になりました。イルカスイミングクラブに貸しだされることが約束されていたため、担当課の方たちが〈浦安共に歩む会〉のメンバーに対して、障がい者が使いやすい機能についての聞き取りをしてくださり、設計図面まで書き直してくれました。私たちの意見が反映され、障がい者が使いやすいプールが建設されました。市内外の人たちからも評判がよく、障がいがある子どももおとなもプールに来る姿をよく見かけるようになりました。

●親子が育つ療育活動

念願の水泳療育は、療育の直接的な効果だけでない広がりをみせることになりました。

私は、江里が生まれてから、〝パパの役割〟を具体的にもってもらいたいと思っていました。子育ては母親だけの役割ではなくて、夫婦の子どもなのだから一緒に育てていってほしい、と。もうひとつは、〝共通体験〟を大切に思っていました。子育てにかぎりませんが、同じ場で同じ時間をともに過ごすことは、人と人との関係性をつくり、結びつきは強くなるのではないでしょうか。

もともと江里のパパは、みずから率先して、江里をお風呂に入れる役割（？）をもっていました。ですから、〝水つながり〟で、イルカスイミングクラブで一緒にプールに入るのは、わが家ではパパと決めました。江里は女の子なのでパパとべったりできるのも期限付きです。このことには、ほんとうに大きな意味があったと思います。もともと親と子のスキンシップを大事にする療法でしたから、子どもは父親との関係性をしっかり結ぶことで、愛されている実感をもつことができました。江里は、人を信頼し、安心しているからこそ、自分も人も肯定的に受けいれることができるんじゃないかなぁと思うほど、彼女のパーソナリティや社会性が育っていった実感があります。

それは、障がいがあってもなくても同じだと確信しています。とくにハンディがあることで自己否定感をもちやすいと思われる障がいがある子どもの子育てには、信頼できるおとながいて、大切にされている実感をもつことが、ほんとうに必要だと感じます。

イルカスイミングクラブには、江里パパ以外にも、参加していたパパたちがいました。そこで顔を合わせたパパたちは、療育や機能訓練の必要性を強く感じるようになり、いろんな提案が生まれました。結果、それは〈浦安共に歩む会〉に反映され、ほかの療育の活動も生まれてきたのでした。〝計算〟〝読み書き〟を行う「くれよん教室」も、このころから始まっています。

このように始めた療育の活動は、いまでは〈とも〉でおこなっている八つの療育事業につながっています。

3 みんなで学んで、発信して

●講演会をやろう

私には忘れられない講演会があります。『いいんだ朝子、そのままで』(径書房)の著者・伊部純子さんの講演会です。北療育医療センターの保護者会でおこなわれたもので、当時、江里は二歳。「めざせ、健常児!」と、療育に打ち込んでいたころでした。

講演の内容は、重い知的障がいをもつ娘の朝子さんを、地域の保育園と普通学級のなかで育ててきたお話。そのときは他人ごとのようで、「江里と違って動ける子だからな」「このお母さんは自分の娘を障がい児だって思ってないんだ」などと感じたことを覚えています。一方で、みんなと助けあいながらともに育っていくなかで、朝子さんがまわりの子どもたちに与えるものがあり、まわりのみんなが朝子さんに与えてくれるものもあること。子ども同士の育ち合いの話が、ほんわか心に残りました。

「江里は障がいがあるから特別な子」と思っている自分にもぼんやりと気づいていて、「障がい児だからって、みんなと同じところで生きられないと思うことはないんじゃないかなぁ」という思いが芽生えはじめていたころでもありました。

私も、障がい児は別の学校に行くものという〝常識〟のなかで生きており、障がい児がどこの学校に通うかなんてことは考えたこともなかったか、忘れてしまっていたかでした。

けれども、何か違う気がする……。伊部さんの話は、そういう自分の気持ち、または、もともともっていた要素を引きだすきっかけになりました。自分と向きあい、子どもと向きあって考えてみるきっかけになったのだと、いま、ふりかえるとよくわかります。

その講演は、障がい児の親になって初めて聞いた講演でした。意識を目覚めさせたり、自分のなかにあるものをとりだしてじっくり考えたり言語化したりするためには、人の話を聞いたり勉強したりというプロセスや取り組みが必要なのだと思います。少なくとも私には必要でした。

とくに、障がい者の暮らしは〝普通〟に暮らす社会の人には見えにくく、私たち親も障がいをもつ自分の子どもに出会うまでは、その〝普通〟に暮らす社会の人だったのです。親が思い込んでいることには、子どもにとっては不利益なこともあるかもしれません。

北療育医療センターの講演会に参加して、「そういうのもありかも」と思ったり、聞かなかったらわからなかったこともたくさんあることに気づいたりしました。

だから〈浦安共に歩む会〉では、多様な角度から子どもたちのことを考えられる親になるために、そして広く市民や行政の職員にも、障がいのある人のことを理解してもらうために、講演会はかならず年に一回は開催してきました。

●勉強会も必要

講演会とは別に、勉強会も開催することにしました。

最初のころ、私たちは「市役所に何があるの?」「福祉っていうけど、市役所はどんなことをしてくれるのかな?」「この問題はどこにもっていけばいいのかな?」と、会を始めたものの、わからないことだらけでした。

いくら「市役所へ要望を出す」といっても、会議になれば議論になります。自分たちが何も知らずにいるのは、あまりにも主体性がなさすぎます。

いまある制度をはじめとする現状をそのまま「ありがたく受けるだけ」ならば、会の必要性はありません。悩みはもたずに解消です。「文句を言わずに暮らすだけ」です。けれども、私たちが望むのは、この子どもたちが「障がい」という理由だけで、みんなと同じように暮らせないのなら、「そこは変えていこう」とするものです。趣旨を実現するためには、自分たちも考え、勉強し、提案し、当然、人任せではなく、自分たちも動かなければいけないと思っていました。行政と話し合うにも、「こうしてほしい。そのためには、こうやったらできませんか?」とか「このようなものをつくってもらえませんか?」と、私たちの願いをより具体的に提案する必要があるのです。

情報を集め、みんなで議論し、勉強することは、行政に対してだけ必要なのではありませんでした。自分が親として、子どもとどう向きあうか、どう育てていくか、また、一人の市民としてどう行動していくかにも、効力を発揮したのではないかと思います。

●会報誌の発行

会報誌『浦安共に歩む会』を発行した理由は、とても単純です。「障がい児っていうけど、特別な子どもではないですよ」って伝えたかったのです。

私も障がいについてはわからなかったけれど、「わかったら、けっこう一生懸命にやれるもんだ」という自分の経験から、「障がいのない人にも障がい者の暮らしを伝えれば、みんなにその存在がわかり、理解し、助けが必要なら助けてくれるんじゃない？　とにかく、知ってもらわないことにはね」というのが正直な思いでした。

でも、その発行が実現したのは、会の発足三年目でした。発行が遅れた理由はふたつ。ひとつは、幼い障がい児を抱えながらの日々の暮らし、「要望書」「回答会」をはじめとする行政とのやりとり、定例会、事務局会、講演会など、実際の活動に手いっぱいだったことです。なかなか、会報誌の発行にまでたどりつけず、後回しになっていました。まずは、わが子の暮らしの確保でした。

もうひとつの理由は、パパたちの反対。「文書に残すのはどうだろう」「つくりはじめた以上は、途中でやめたはナシだから、続けられないんじゃないか」「行政批判にならないような文章にできるのか」「読んで傷つく人が出ないか」などと……。正直、会の活動をこれ以上増やしてくれるな、と思っていたのかもしれません。

公式には、「反対して、どれだけ性根が座っているか、ママたちを確かめただけで、会報は必要だと思っていた」ということになっていますが……。本心では、「文字に残すからには、そこに発生する責任をすべて受けとめる覚悟がありますか?」というパパたちの思いだったのでしょう。

季刊、毎号三十~四十ページ(第二十号「記念寄稿集」は八十八ページにもなりました)、二〇〇一年六月三十日の「最終号」まで、講演会記録や選挙臨時号を除いて二十三回、発行しました。

●会報誌の反響

とにかく会報誌が発行されることに決まり、いくつかのコーナーをつくりました。最初のコーナーは「シリーズ〝共に歩む〟~〇〇ちゃん編」と「〇〇ちゃん、ハーイ!」という、一人ひとりの障害をもつ子どもの暮らしを紹介したものでした。ほかの難しそうな記事は読まなくても、ママやパパたちがわが子のことを書いたこのコーナーだけは読んでいるという方も多くいらしたようです。このコーナーを読んでボランティアに来てくださったり、学校への受けいれを考えてくださったりした方もいました。やっぱり伝えることは大事です。

江里がまだ三歳のころ、地域の幼稚園に入れるための自分と江里の練習として、地域のママたちの輪に入るきっかけとなる場所を探していました。探しだしたのが、母子で参加する幼児教室。そこは、子どもに障がいがあっても受けいれてくれました。先生を中心に、同じマンションに住む三人のママたちが、さりげなく、やさしく、あたたかく、私と江里に接してくれました。あのとき、もし受けいれてもらえなかったら、差別的な扱いをされたり、つらい思いをしていたら、その先の幼稚園もなかったかもしれません。

それくらい、障がい児をもったばかりのころの親の心はデリケートなのです。自分にも子どもにも、また、まわりの人に対しても不安に満ちていて、いろいろな人や物事に一喜一憂しているのです。

当時は、私自身も自分のなかの障がい者観と闘っていたころなのか、とにかく、障がい児も特別なことはなくみんなと同じなのだ、ということを多くの人に伝えたいと思っていました。だから、その三人のママたちにも〈浦安共に歩む会〉の会報誌を読んでもらっていました。

そのなかの一人と、最近ひさしぶりに会う機会があり、あのころの私の心情を初めて話しました。そうしたら、「それは、良枝ちゃんがニコニコして普通にしてたからだよ。それに、私たちにとっても、他人ごとじゃないもん。みんな子どもが生まれるときに問題があったり、生まれてから病気をしたりと、障がいとも隣り合わせ。明日は自分かもしれないって……。そういうことじゃない？　それと、どうして、こんなに近くに感じるのかなぁと思ったら、何だっけ？……書いてあるやつ（会報誌のこと）、くれてたでしょ？あれ読んでたからだなぁ、と思った」。

私自身がかつて「障がい者は特別だ」と思っていた。でも、江里が〝来て〟そうじゃないことがわかった。そのことをたくさんの人に伝えれば、江里は少しでも誤解や差別を受けずに、生きやすい環境になるんじゃないか。単純にそう思って会報誌をつくりはじめたのです。そして、みんなに読んでもらいたいと身近な人に配っていたことが、最初の目的どおりになっていることを十年後に知らされて、「やっぱり、行動することって大切なことだなぁ」と思いました。それらを一緒につくってきた仲間がいたこと、それを受けとめ、あたたかく見守ってくれる地域の人がいることにも、感謝の気持ちになりました。

ただ「いる」だけじゃなく、「どんな人」で「どんなことを考えているのか」わかるほうが、人と人とのつながりは深くなり、地域の助け合いなども、そうなってこそ始まるのではないでしょうか。その輪のなかに、「よくわからない障がい者」ではなく、「近所の友人」として存在していてほしいと思うのです。

●こどもの未来委員会

くり返しますが、障がいをもつ子どもの新米の親は、わからないことがたくさんあります。まず、「子どもは大きくなったらどうなるのか？」という未来が思い描けませんでした。それは、もちろん、障がいのない子どもでも同じことですが、違うのは、「自分と同じ将来はなさそうだ」というような、漠然とした〝思い描けなさ〟です。

幼稚園に入れようとしたとき、あるお父さんが言いました。

「一人でトイレにも行けなくて、オムツをしているような子が、幼稚園に入れるわけがない。せめてオムツじゃなくなってから入れればいいじゃないか……」

「オムツが外れるかどうかもわからないんだから。そんなの待ってたら、いつ幼稚園に入れるかわからないよ。オムツをしてても、歩けなくても、しゃべれなくても、いまのままの子どもの状態で入れてもらうの」と私は答えました。

できっこない、働けっこない、受けいれてもらえっこない……、そんな頭でいるうえに、子どもはまだ五、六歳です。将来なんて何も考えられっこありませんでした。

会報誌の第二号（一九九六年二月一日発行）にはこうあります。

「浦安に第二の作業所を！」の署名依頼が来たときに、「作業所をつくってもらうことだけが、将来のこどもたちのしあわせにつながる唯一の道なのだろうか」との声がありました。作業所・授産所・更生施設など、よく耳にはしますが施設の種類や内容、また入所基準についいては何も知らないということがはっきりしました。そこで、施設全般についての学習や情報収集、施設見学や交流などの窓口となって活動する分科会をつくっては…ということで一九九五年六月に『こどもの未来委員会』が発足しました。

この作業所設置要望の署名をきっかけに、漠然と思い描けないと思っていた未来は、じつは障がい者の場合は、もう決まっているようなものなのだと、わかりました。

弁護士になるのかな？　学校の先生になるのかな？　コックさんになるのかな？　子どもの将来がわからないのは、たくさんの可能性がある「健常児」なんだ。障がいをもつ子どもは、学校ばかりじゃなく、社会で働くことも含めた居場所も分けられているんだとわかり、それが唯一の道なのか、探ってみようと思ったのです。

障がいをもって生まれたら、障がいの種類ごとに分けられ、通園も学校も社会に出てからも、行く先が決まっているような、終着点が見えている人生なんておかしい。最後が決まっていたら、可能性がないようなものなのでは……。最初から「障がい者は別に働く」ではなくて、社会のなかでどうやってともに働けるかを模索したい、というのが現在の〈とも〉にまでつながっています。

遠い先の「社会に出る」ことから始まり、可能性をもって未来へ進むために、施設の見学会を企画したり、制度の勉強などの取り組みを始めました。ひとつ調べると疑問がわき、どこかに行けばまたさらに疑問がふくらみと、つぎつぎと自分たちの疑問を埋めるかたちで進められました。近い未来の学校のこと、自立生活のこと、生活支援のことなど、情報を集め、定例会や会報誌を使って報告しました。会員以外の人も含めて広く、勉強会も開きました。

数多くのデイサービス、作業所、支援センター、レスパイト施設、授産施設、更生施設などなど、市内をはじめ県外まで広く、見学に足を運びました。思えば、小学校に上がるまえから、成人の施設を見てまわっているのも気の早いことでしたが、こどもの未来委員会で勉強したり見学にいったりしたことは、確実に「自分たちの求めているものは何なのか」「いまの社会のなかで障がいのある人の暮らしはどうなっているのか」を知るには、とても大切な取り組みだったと思います。

「浦安共に歩む会」の仲間で行った新潟旅行で。左は江里とパパ、右は康ちゃんとパパ。

第3章 〈浦安共に歩む会〉の活動

大東市行きの資金集めのバザー

1 プロセスを大切にした交渉

●「運動論」なんてなかった

「市民団体」「市民活動」と聞いて警戒心をもつ、もしくは、ちょっと構えてしまう方は、意外と多いのではないでしょうか。座り込みやデモ行進はしないとしても、ひとつの主義主張をもって迫ってくる〝集団〟というイメージに構えてしまうのでしょう。

私もそれまで市民活動などには参加したことがなく、学生運動がさかんな世代でもなかったので、ちょっと構えてしまう側にいました。ですから、〈浦安共に歩む会〉を始めたころに「運動」とか「活動」などという言葉で語られると「それってなぁに?」「私たちは何の運動や活動をしているの?」と、不思議な気持ちで聞いていました。

パパに「ママは活動家だからね」とからかわれると、「江里が普通に暮らせるようにしたいだけだよ」と真剣に反論していました。とくに何かを強く求めているつもりはなく、ただ、わが子にとって必要なこと、あたりまえと思う毎日を送るために模索していて、そのなかのひとつの大きなこととして行政との関係がある、というだけの認識でした。

掲げていることも「障がいをもつ子どもたちも、地域のなかで幸せに豊かに過ごせるように」でしたから、何かひとつのことを中心に「運動」している意識が薄かったのかもしれません。普通学級に入れたいというメンバーがいればそれをみんなで応援し、特殊学級（現在の特別支援学級）の充実を願うメンバーがいればそれに取り組み、という具合に、その一人ひとりの子どもにとって幸せであることに向かってみんなで動いていく。普通学級に入れる会でもなければ、バリアフリーを実現する会でもなく、生きていくうえで必要な暮らしそのものを変えていきたいという、〝想い〟の行動でした。

ですから、「運動論」などもっているはずもなく、ひたすらみんなで話し合い、知恵を出しあい、知識をもちよりながら、どうにかして子どもたちが地域のなかで〝普通〟に幸せに暮らせるようにならないか、ということに向かっていました。最初から「運動論」や賢い手法をもっていれば、もっと簡単に短時間でいろいろなことは実現したのかもしれません。

けれども、実際の生活、毎日の子育てのなかから生まれてきた気持ちや切実な願いを大切な種《たね》として、それら一つひとつを時間はかかってもみんなでどうしたらいいかと考えて、あきらめずに伝えたり行動しつづけてきたからこそ、実りは多かったのだと思います。だからこそ、行政のなかにも、地域のなかにも、共感したり、応援してくれたりする方たちがあらわれて、いまの〈とも〉にまでつながってきたのではないかと思います。

数年前のことですが、大津市で行われた「アメニティフォーラム（地域福祉フォーラム）」で、私たち〈とも〉のメンバーも含む参加者約千五百人をまえに、浦安市の松崎秀樹市長は、こんなふうに話されました。

「当時、西田さんたちが来ると、市役所の職員は、突然トイレに行きたくなったり（笑）、なるべく避けたいと逃げまわっていました。〝ノイジーマイノリティ〟という言葉であらわされる存在だったのではないかと思います。それで、そんなに大きな声を出さなくても、ちゃんと話は聞きますよ、というところから、西田さんたちとの出会いは始まっています」

ここで話が終わったらちょっと困ってしまうのですが、「いまは全国で注目される地域福祉のリーダー的な存在になったことをうれしく思います」と続き、ほっと胸をなでおろしました。

ノイジーマイノリティ!? この言葉から、私たちと行政とのギャップがとても大きかったことがわかります。同時に、現在、市長や行政の職員と一緒に地域福祉のフォーラムに参加できている事実に、市民活動から始まり、NPO法人となり、いくつかの事業を受託するようになった現在までの変化を思いました。

市民団体からおこなってきた一つひとつの取り組みが、関係性の変化につながってきたのだと感じています。

●「教育」と「福祉」の二本の柱

「子どもに障がいがあっても〝普通〟に暮らしたい」と始まった会が、みんなの願いをまとめて、市の提出先は「どこになるの？」と見てみると、大きく「教育」と「福祉」というふたつのジャンルに分かれることがわかりました。そこで、第2章でも少しふれましたが、行政に対して、毎年一回、「教育」と「福祉」に関する要望書を提出し、それに対する回答会を開くことにしました。

まず全会員が一人ひとり、困っていることや改善してほしいことを紙に書いてきます。集まった要望事項を「教育」と「福祉」のふたつに分け、事務局で整理し、とりまとめたものを定例会にかけ、さらに会員で議論したものを最終的にまとめて要望書にします。それを教育委員会と保健福祉部に提出し、回答会というかたちで行政との会議をもちます。

回答会では、保健福祉部長や教育長をはじめ、毎回十人以上の行政の職員が顔を出してくれました。行政の職員には異動がありますから、毎回同じ顔ぶれではありません。八年間の会の活動によって、何人もの職員が、障がい児とその家族の抱えている問題や現実の暮らし、学校の状況などの実態を身近に感じてくださったと思います。私たちも直接、行政の職員に困っていることや改善してほしいことを伝えることができ、ときに立場を超えた共感を得られるなど、不安や不信をぬぐう機会にもなりました。

この要望書を提出するまでには、まず個人が自分で解決する努力をする、会で解決する努力をする、それでもダメなときは行政に働きかける、という段階を踏んでいました。行政に働きかけるときも、けっしていきなりトップダウンや団体交渉はしない、というのが会のポリシーでもありました。行政と関係する困ったことがあればその当事者が窓口に行く、それでも難しければ、会の事務局のメンバーが同行し、担当部署の上司も交えて話すなど、とにかくとにかく一つひとつのプロセスや順序を大切におこなってきました。

一見、まどろっこしいと思われるかもしれません。実際、ペースはゆっくりのこともありますが、このプロセスを踏むことで、たくさんの方に私たちの実情や願いを伝えることができました。多くの人に共有され賛同を得られなければ、問題は解決されない、と思っています。

一方、行政の職員から「歩む会はうるさい」と言われてしまうゆえんは、そのへんにもあるのかもしれません。たくさんの議論がされ、ときに衝突もあったからだけではなさそうです。窓口にいる職員から、最後は部長に至るまで部署全員が、ある意味「お願い」を受けることになるのですから。役所ではすぐに有名になってしまいます。

2「教育」その1——小学校入学

●みんなと一緒に普通学級に入れたい

私たちが入学に向けてやったことはそれぞれの家庭ごとに、また、学区ごとにいろいろありました。また、〈浦安共に歩む会〉としておこなったことと、個人でおこなったことがあります。

〈浦安共に歩む会〉としておこなったのは、情報を集めること。情報をもとにみんなで勉強し、議論したことです。そこから導きだされた方法をそれぞれが考え、実行したのは一人ひとりです。そして、また一人ひとりから出た願いをみんなで話し合い、精査して〈浦安共に歩む会〉の要望として、行政に提出しました。

〈浦安共に歩む会〉での情報集めは、地域の学校に通わせている子どものお母さんの話、障がい児を地域の学校に入れる運動をしている団体の活動、教育についてのシンポジウムなど、日本の状況、世界の状況もあわせて、こどもの権利条約、サラマンカ宣言（一九九四年六月の「特別なニーズ教育における原則、政策、実践に関するユネスコ・サラマンカ声明」。すべての子どもは普通学級で、それぞれの特性を考慮されて発達すべき、というインクルーシブ教育を提言）、就学指導委員会、就学時健康診断などなど、たくさんのことをもちよりました。

その情報をもとにみんなで勉強し、議論しました。

私たちは、子どもを地域で〝普通〟に育てたいという親の素朴な思いから、普通学級に入れようとしている。「それは、どうなの？」と、自分たちのその思いが、いまのこの日本の社会のなかではどのような位置にあって、どのような扱いをされるのか。間違っているとは思わないけれど、障がいを知らなかったころの自分の意識、常識、教育委員会とのやりとり、前例と照らしても、開かれている道ではないことは明らかでした。

でも、どれだけ茨の道なのか、非常識なのか。まったく世の中から認められる意見ではないのか……。「そんなはずない」と思いながらも、ドキドキする作業でした。素朴にわきあがってくる「みんなと同じ人間なんだから、みんなと同じように過ごせるでしょ」という私たちの発想を肯定してくれるようなものがありますようにと、半分すがるような思いで情報を探しもとめていたような気がします。

私たち親自身も、障がいのある人が分けられている社会のなかで生きてきた一員です。教育委員会に盾突くとか、社会の常識と外れてしまうようなことは、たとえ「わが子のため、間違っていない」と思っていても、ためらう人もいたはずですし、よい気持ちであるわけがありません。

●「子どもの権利」を守りたい

情報を集め、みんなと勉強することは、ある意味で自分たちの思いを確認するような、試されるような作業でもありました。閉ざされている道を切り開いていくには、「本気」とゆるぎない「信念」がなければ、できないことだったともいえます。

少なくとも、わが家の江里は、メンバーのなかでもとびぬけて障害が重いので、勝っても負けても裁判も辞さない覚悟でいました。「江里ちゃんが地域の学校に行くことができれば、みんな行ける」と言われたこともあります。

いろいろな情報をもとにメンバーとたくさんたくさん議論をして、資料や本をたくさん読んで考えて、わかったのです。そうだ、私たちは理屈ではなく親の気持ちから出発し、うまく言葉でもあらわせなかったけれど、「子どもの人権」を守りたいのだ、と。「子どもの権利」として、行きたい学校に行かせてほしい、地域のみんなと分けられることなく一緒にいたいよ、と。みんなと一緒の場で教育を、言い換えれば発達の保障をしてほしいのです。

●就学時健康診断を受けない

そして、ひとつの具体的な結論が出ました。就学時健康診断を受けないことで、就学指導委員会を通らずに入学をしよう、と。〈浦安共に歩む会〉の方針とかではなく、興味のあるママたちが出した結論です。けれど、結果、江里の世代七人と次の世代七人は全員、就学時健康診断を受けませんでした。

私たちの理屈はこうです。就学時健康診断にはふたつの要素がある。ひとつは健康診断。私たちの子どもは何らかの理由で医療につながっている子どもが多く、健康診断が必要なら、自分たちの主治医に診てもらい診断書を出せばいいだけです。

就学時健康診断のもうひとつの要素は、知的な遅れを発見する場、イコール文部省（当時）の考える「適正な」就学の場への振り分けの機能です。少なくとも私たちは自分の子どもの状態は理解したうえで選んでいるのですから、振り分けられる必要はない。いや、子どもや保護者の意思に反して一方的に振り分けることは「子どもの権利」を侵害することになるのではないかと思ったのです。

就学時健康診断を受けず就学指導委員会も経ませんでしたが、入学の交渉はそれぞれの家族のやり方で進めました。幼稚園の園長先生から学校に話をしてもらった家もあります。学校長に直接お願いしにいった家もあれば、教育委員会に行った家もあります。それぞれ、簡単な入学ではありませんでした。壁は厚く、そこに費やしたエネルギーはものすごいものでした。

●入学決定通知に泣いた……

入学の判断については、教育委員会がおこなう教育委員会議というものがあり、その議題にのぼることが、勉強の結果わかっていました。その傍聴にも行きました。子どもの入学を学校や教育委員会にお願いしにいき、就学時健康診断を受けなければ、当然そのことも会議の議題にのぼり、教育委員会の方針を聞くことができると思っていました。

けれども、傍聴に行った会議では、「統合教育についても今後の課題としてようすをみていきましょう」「就学時健康診断については、受けてもらえるよう、今後も教育委員会としての努力と工夫をしましょう」というだけで、議論され尽くすということはありませんでした。明確な方針がないまま、子どもたちの普通学級の入学を拒否しないことだけがわかりました。

「これで幼稚園のお友だちと一緒に学校に行ける!」

入学決定通知を泣きながら読んだことは、いまでも忘れません。

けれど、喜びは次の瞬間からは不安に変わっていきます。教育委員会議で傍聴したとおりならば、「どんな障がいの子どもも希望があれば普通学級に受けいれます」という教育委員会の明確な方針もないまま、子どもたちは学校に通いはじめるのです。どうなってしまうのだろう? 現場の学校はちゃんと受けいれてくれるのだろうか?

3「教育」その2──大東市「障害児教育基本方針」と出合った

●「法律は人の意識を底支えするもの」

一九九六年四月、江里の学校生活が始まりました。

もちろん、学校の先生方は、できるかぎりのことをしてくださったと思います。でも、それは、現場の一人ひとりの先生の思いに支えられてのことです。だれもが、どんなときも、どんな先生も、自分のやるべきこととして受けいれてくれるとは限りません。

私たちは、「子どもの権利」として、障がいがあっても〝普通〟の子どものように行きたい学校を選べること、選んだ学校でその子どもに合った教育を保障してもらうことを、行政の方針として打ちだしてほしいと強く願っていました。

そうでなければ、ずっと、お客さま状態。どこか他人ごと。たまたま理解のある学校長にあたれば、担任にあたれば……とか、親の側も「こんな大変な子を特別に入れてもらってありがとうございます。多くは望みませんから」というようになり、子どもが心からみんなに受けいれられ、引け目を感じることなく必要な教育や支援を受けることにはつながりません。

後日、〈浦安共に歩む会〉の講演会でお招きした弁護士の大谷恭子さんが、「法律は人の意識を底支えするもの」と話されたことがあります。私はとても納得でした。

障がいのある子どもも、行きたい学校を選べ、それが普通学級であっても、その子どもに必要な教育が保障されることを明文化されることで、やっと名実ともにその子ども自身の人権と教育の保障がされるのだと思います。

また、子どもたちを受けいれていく学校や先生方にも、「障がいをもつこの子どもたちも先生たちが見ていく子どもですから、よろしくお願いします。そのために先生や学校が必要とする支援があれば、それは私たち親も先生と一緒になって必要性を行政に伝えたいと思います」と言うことができます。

きちんと方針として打ちだされれば、先生や学校も「腹をくくってやるしかない」と前向きになってくれるに違いない。そう思っていました。

●大東市との出合い

入学はしたものの、何の制度もなく、前例も少なく、親も教師も学校も教育委員会もみんなが暗中模索、手探りでの学校生活でした。私たち〈浦安共に歩む会〉の七人の子どもたちにとっても、その後に続く子どもたちにとっても、特例として受けいれられたのではなく、このことが今後も普遍的なものにならなければ、入学はしたもののつねに不安がつきまとう学校生活になってしまいます。

「普通学級は、障がい児が来るための学級ではないから、特別なことはできませんよ」
「その子に合った必要な教育はできないと思いますよ。それでも、どうしても普通学級がお望みならば……」

入学への教育委員会との話し合いで何度もくり返し言われたことです。そこには、「本来はここにいるべき子どもではないが、特別に……」というニュアンスがこめられているようでした。

仲間と情報を集めて勉強したサラマンカ宣言もこどもの権利条約も、あまりに大きすぎて、いまひとつ弱く遠い。学校現場に直結するような、「学校の受けいれの保障をちゃんと謳っている自治体は日本にはないの?」と思っていました。

そんなころ、驚くべきタイミングで、山本和儀先生と出会うことになったのです。江里が通う訓練施設のPT（理学療法士）の先生から、ある日、「もう知っているかもしれないけれど、きっと西田さんたちが望んでいることに近いと思うよ」と言って、一冊の本を渡されました。彼は〈浦安共に歩む会〉の会報誌を読んでくれていたのです。

その本は『ともに学び、ともに生きる——ノーマライゼーションの理念と統合教育の実践』（山本和儀著、朱鷺書房）。そこには、ノーマライゼーションの街づくりや統合教育の実践がわかりやすく力強く書かれていて、著者のエネルギーを強く感じました。こういう街が日本にもあるんだ！

もうひとつ驚いたのは、著者は当時、大阪府大東市の保健福祉部の次長、つまり行政マンであること。行政マンのなかにこんなにも熱心にノーマライゼーションの街づくりに、そして障がい児の教育に力を注いでくれる人がいることにほんとうに驚きましたし、とてもうらやましいと思いました。

行政マンがこんな本を出せてしまう大東市、「障害児教育基本方針」を養護学校義務化の年（一九七九年）に策定した大東市って、どんなところなんだろう？　なにより、山本和儀先生はどんな方なんだろう？　渡された本は、江里を寝かしつけてから、ひと晩で一気に読み終え、絶対に現場を見たい、すぐにでも山本先生に会いにいきたいと強く思いました。〈浦安共に歩む会〉が始まって三年目、一九九六年のことでした。

大東市「障害児教育基本方針」

障害を有するすべての幼児・児童・生徒の教育を受ける権利が完全に保障されるように努める。

1. 障害を有する児童・生徒は、それぞれの校区の学校に就学し、すべての児童・生徒と共に生活し、共に成長発達することが望ましい。そのために、適切な指導が行われるように努める。
2. 障害児教育をいっそう推進していくために、幼・小・中学校園は、連携を密にして、一貫した指導をめざすと共に、障害児教育計画を作成し全教職員の共通理解と協力体制のもとに、指導が行われるように努める。
3. 障害児教育をより充実するためには、教職員の熱意と専門的知識・技術が必要である。したがって、障害児教育について、全教職員の理解が深まるようにするため、研修の充実と指導体制の確立に努める。
4. 多様な障害の実態に対応し、障害児教育がより適切なものとなるように、各学校園の教育諸条件の整備・充実に努める。
5. 障害を有する幼児・児童・生徒の成長発達を促進するために学校・地域社会が有機的に結びつき、障害を有する幼児・児童・生徒にとって、差別のない社会となるように努める。
6. 特に、医療、治療、訓練を必要とする障害を有する幼児・児童・生徒については、その実態を把握し、具体的な指導によって、成長発達が促進されるように努める。
7. 義務教育を終了した者の進路については、高等学校、各種学校などの教育機関や就職の機会が開かれるように努める。

（大東市ホームページより）

●大東市に行きたい！

大東市は人口が浦安市とほぼ同じ規模で身近に感じられたこともありますが、なんといっても、大東市が策定したほかに例をみない「障害児教育基本方針」がとても魅力でした。

これは障がいを有するすべての幼児・児童・生徒の「教育を受ける権利」が完全保障されるように努めることを謳ったものです。これを目にしたときのインパクトは大きく、たくさんのことが頭に浮かびました。

「これって、私たちがいままで浦安市の教育委員会に要望しつづけてきたことだ。伝えてもなかなか『そうですね』と言ってもらえなかったことだ。このような基本方針があれば、子どもは守られ、保障され、幸せなのに。私たち保護者の悩みも、ものすごいパワーを要する教育委員会との話し合いも減り、前向きなものに変わるのに。なぜ、浦安市では『難しい』と言われることが、大東市では可能になっているんだろう？」

実際、江里を地域のなかで育て、私たちにとってはあたりまえと思われることをしようとするとたくさんの壁があり、それは〝普通〟の子育てとはほど遠い厳しい状況。学区の小学校へ入れるにも教育委員会の何人もの人と話し合い、同じ話を何度もして、私たち親子が選択した道を進むのは容易なことではありませんでした。入学してからも、なにも態勢がないなかで江里にとって必要な教育を整えるのは、親の努力と現場の先生方の力に負っています。子どもや親のためだけでなく、現場の先生方のためにも、きちんとしたシステムの必要性を強く感じていました。

北療育医療センターの通園をやめるとき、それまでは訓練にも子育てにも熱心な優等生ママだった私が、「〝普通〟の幼稚園に通う」というだけで、いきなり子どもの発達保障を放棄したかのような〝いけないママ〟になってしまった経験があります。「江里ちゃんの発達保障はどうするのですか？」と何回も聞かれたものです。

「ふーん。〝普通〟の幼稚園や〝普通〟の学校に通うことは、発達保障を放棄することになるのか。つまりは、障がい児は〝ともに生きるか〟〝発達するか〟どちらかを選ばなくてはならないということ？」

そうではなくて、私たちが望んでいるのは、どちらも必要だから、みんなと生きるなかでもその子に合わせた発達保障もしてほしいということなのに……。

それは、幼稚園や学校などの子どもにかぎらず、おとなになってからも同じです。「健常者」と一緒の場所で過ごすことが障がい者にとっては「苦しい」とか「かわいそう」とかではなく、だれもが一人ひとりを大切にされたかたちで一緒にいるということがいちばんノーマルなのでは、と思うのです。ともに生きる手段と知恵をもってすれば、それは実現できるはずです。

人は死ぬまで発達するものらしい。自分自身をふりかえってもなるほどそうだな、って思います。だとしたら、障がい児や障がい者だけが発達をするんじゃなくて、そうじゃない人たちも発達を一緒にしてくれたらいい……。

大東市の「障害児教育基本方針」は、まさに私たちが望んでいる、一人ひとりの子どもに必要な教育的支援、つまり発達保障と「ともに生活する」ことが方針として明確にされている！　これをわが子がいる浦安で実現したい！

●大東市行きバザー！

「会のみんなと大東市に行く！」

こう決めたものの、このころの私たちの環境は、やはり子育てや家庭の切り盛りは母親が中心。そのころの浦安市には現在の〈とも〉のような支援サービスがあるどころか、レスパイト施設もありません。まだ小学校に入学したばかりの、それも障がいのある子どもをおいて、家を空けるなどということは一大事でした。

会の事務局会でパパたちに大東市に行きたいという話をすると、「そんなの本に書いてあるから、わざわざ行く必要はない」「会からは金は出さない」など否定的なことばかり。「お金を出してほしくて言ってるんじゃない。会の活動として、行ける人が一人でも多く行って、情報をみんなにもちかえって、活動に反映させるためにも、公的なこととして行きたいの。会費から全額出してなんて言わない。自分たちでバザーやるよ。大東市行きバザーを。それならいいでしょ?」

こんな私たちの投げかけに、パパたちもノーとは言えず、定例会にかけ、議論をしました。

参加希望者は二十名。参加費用の捻出は大東市行きバザーに決定。だれが行っても何人行っても、バザーで得た収益を頭割りして、たりないぶんは当然みんな自己負担、ということになりました。

大東市行きバザーは、会員やそれ以外の方の協力を得て、いままでのバザー収益のダントツトップの十五万円の売り上げ! 「どうせできない」とたかをくくっていたパパたちが「イエス」と言わざるをえない結果になりました。

最終的に参加者は七名になりました。うち男性が一名。ほかはみんなママたちです。

●山本和儀先生に会えた!

一九九六年十二月、参加メンバーは事前に本を読み、質問を送付しました。

山本先生は、当日、私たちが想像した以上のメニューをそろえて、丸一日対応してくださいました。大東市保健医療福祉センターでの山本先生の話と質疑応答に始まり、リハビリテーション課の職員との会食、小学校の見学、教育委員会の先生との懇談、作業所の見学、障がい児の保護者や当事者の方、支援者の方と話ができる機会の設定、最後にまた山本先生との懇親会など。

つまり、「教育」という狭いくくりではなく、先生のめざされている「ノーマライゼーションの街づくり」の実践をすべて伝えようとしてくれていたのです。そのときも、その後も、またいまでも、ずっと気づかされることがあるくらい、長い間の私たちの指針になるような一日でした。その日だけでは、まだそのときの私たちにはすべてを理解することができていなかったと、いまになって理解できることがいくつもあります。

私たちは本を読んで、「障害児教育基本方針」を支えているのが療育システムだということがわかったのですが、当時は単純に「福祉」と「教育」という縦割りの結びつき、というとらえ方しかできていませんでした。どうやったら縦割り行政のなかでそれが可能なのか、就学時健康診断や就学指導委員会のあり方、それから、教育委員会や学校の先生の本音も聞いてみたいと思いました。

私たちを迎えいれてくれた山本先生は、ぼそぼそとお話しされるうえ、私たちの質問が気に入らないのか、怒ってるのかなぁと思うくらいの返答しかなく、出だしは「どうしよう……」と心細くなるような雰囲気でした。

たとえば、どうやって「基本方針」ができたのかと聞けば、

「突然できたわけじゃない！　必要だからつくったんや！　まず保護者と一緒に、一人ひとりの子どもの現状をどうするかを考えていく、この積み重ねや。何年かたって実践がシ

ステムになるんや」

「浦安市には山本先生のような方は、残念ながらいまのところ行政のなかにいないようなのですが……」と言えば、ずばり「そういう質問がいちばんむかつくんや。自分たちでやったらええやんか！」とムッとしています。

「福祉と教育はどのようにつなげたのですか？」という質問には、つぎのように話してくださいました。

「つなげたという意識はないし、発想もない。障がいは〝生活障がい〟というとらえ方をしているので、地域のなかにすべてがある。そして障がいを減らすこと（日常生活を送りやすくしたり、学習しやすくすること）が専門家の役割だから、生活をとおして教育をどう変えていくかを一緒に考えるわけだ。つまり、大東市は専門家が障がい児のいる場所に行く。そこで必要なことをサポートする仕組みになっている。だから、教育現場だけでなく通園施設から、保育園、幼稚園、教育を終えたあとの施設や、在宅、高齢者に至るまで、生活すべてとなれば、福祉と教育というくくりはない。だから、結びつけたという発想もあるわけがない。そして、教育に関して言えば、『基本方針』があることで、学校と教師以外の専門家との間に垣根がなく、子どものために手を携えている」

私たちの知りたかった就学時健康診断や知能検査は、「そんなもんあるわけない。差別を助長するものは排除する」。「就学指導委員会は？」「ない。けど、一般の就学指導委員会と違って子どもの支援をし、子どもを支えるための話し合いは当然ある」というふうに……。

ちょっと怖かったけれど、そのときの質疑応答には短いけれども大切なことがすべて含まれていました。大東市で展開される取り組みをスライドで写しながら話が始まると、その不機嫌さは消え（もしかしたら照れていたのかもしれないと、いまなら理解できるのですが）、愛情と熱意が感じられ、迫ってくるものがありました。

●大東市の「教育」の現場

当時の私たちのメインテーマは、やはり学校のことでした。山本先生のスライドを使っての説明、学校現場の見学、教育委員会の先生のお話で、たくさんの収穫がありました。

私たち障がい児の親は、子どもが学校に行ったときに、ほかの子どもたちと同じ場で、同じように過ごさせてほしいと思っています。そのためには、具体的な支援や配慮が必要です。必要な支援や配慮は、子どもによってさまざまです。ハード面ならスロープ、エレベーター、トイレの改修などなど。そして、手が不自由なので自分で食事がとれない子どもには、食事を介助してもらうことが必要です。障がいがあってそのままでは食べられなければ、つぶしたりする再調理が必要です。みんなと一緒に勉強をしたいけれど、知的に遅れがあるため、みんなが読める文字がわからないときは、「ゆっくりわかりやすいように教えてください」。みんなと一緒にいたいのだけれど、なかなかじっとしていられなかったり、音に少し敏感なので、「つらくなったら教室から離れて授業を受けさせてください」。「必要なら介助の人を用意してください」などなど……。

親は、子どもが学校でみんなと一緒に学べるように、それらを求めなければという気持ちと、一方で「どこまで求めてもいいのかな？」とか「言いにくいな」とか、引いてしまう気持ちもありました。「わがまま」や「自分勝手」とは違うと思っている。それでも、自分のなかに基準のようなものをもっていなければ、伝えるにはなかなか勇気がいりました。障がいに対する配慮や支援を求めるとき、「あなたの望んでいることは当然のことですよ」と言ってもらえたら、どんなにほっとするかわかりません。

教育方針として障がい児がどの学校でも完全に受けいれられている現場は、具体的にいったいどんなふうに保障されているのか。知りたい、この目で見たい、と思っていました。「あなたたちは、間違ってないよ」と確信したい気持ちもあったのだと思います。大東市に行って、その気持ちは裏切られるどころか、いままで「自分たちだけ」と思っていたことや、「えらく、わがままなお母さんたち」と思われていたことが、そうではないと自信を得ることができました。

大東市の教育委員会と学校の対応には、私たちが求めていたことの全部がありました。訪れた小学校では、廊下のタイルがまだらにはげていました。脳性まひのある子どもが入学する際に、滑りにくくするためにわざとところどころタイルをはがしたのだそうです。見てくれは関係ない、ほんとうに必要なことをする、ということでした。これまで私が体験した学校では、「見た目が悪い」「危険かもしれない」「ほかの子どもも使うから」との理由で、結果、障がいのある子どもに必要なことをしてもらえなかったり、危険な状況を余儀なくされているということが、よくありました。この廊下のはがされたタイルは、「その人には何が必要で、どうやったらそれができるのか」という視点に立つことが浸透している象徴だと思いました。このような人を大切にする気持ちの実践がほかにもいくつもありました。

大東市では、「障害児教育基本方針」をもとに、障がい児を受けいれる際には、各学校が主体的に障がい児教育の研修を教員全員参加でおこなう。また、教育委員会には、教師をいかに研修に参加させるかを考え、学校にぬきうちで見にくるなどの取り組みがある。説明してくださった山本先生は、「教育者として大切なのは受けいれる意識。その子どもを受けいれるということは、その子どものすべてを受けいれるということ」と話されました。

浦安市の私たちのおかれている状況からあまりにかけ離れていることに驚きました。そして、私たちが望んでいる現実が、遠い外国ではなく、この日本にあることに圧倒されてしまい、頭は真っ白。一つひとつに感心しきっている私たちに、教育委員会の先生が言った「そんなに驚かれることですか？　それをしないのは、おかしいですわ。子どものために教育はあるんやから」というとどめの言葉に、「やっぱり、絶対に浦安で実現するのだ！」という気持ちになりました。

●大東市の「福祉」——暮らしは続いている

学校見学が終わったあと、地域の作業所見学がその日のスケジュールに入っていました。当時の私たちには、子どもたちの就労などはとても先の話。「教育基本方針のことで来たのに、どうして作業所が見学先に入っているのかな？」とピンと来ませんでした。それに、これだけ統合教育が実践されて、みんなと一緒に学校生活を送っても、その先は、障がい者だけが集まる施設しか道はないのかと、疑問も感じていました。

そのころ、まだ浦安市の作業所しか見たことのなかった私は、てっきり生垣とかに囲まれてだれにもわからないような場所にひっそりある〝施設〟をイメージしていました。でも、実際に連れていかれてびっくり。そこは、街のなかにある〝お店〟でした。

一階がリサイクルショップ、二階が作業場。仕事内容は、お店の経営と、リサイクル自転車とはがきの販売ということでした。

住宅街の景色に溶け込んでいるお店が障がい者の作業所だということも、私たちには新しい発見でした。そこで働くメンバーの多様性と、自由な雰囲気にも驚きました。自閉症の人もいれば、全身性障がいの人もいます。ここでは、「障がいに重い軽いもないでしょ」と障がいの種類や程度を問わないし、賃金もみんなで平等に分けあうという実践がありました。

車椅子に乗っている女の子はピアスをつけて、好きな音楽を聴きながら、とてもいきいきとした表情で仕事をしています。ここでは、だれが支援者でだれが当事者だかわからないような、とってもいい支援の仕方があるのがわかりました。「写真を撮ってもいいですか?」とつい支援する人に聞いた私たちにも、さりげなく「ご本人に直接聞いてみてください」というように……。

「みんながいきいきしている秘密はなんだろう?」と思って話をうかがうと、いくつもの取り組みや工夫がされていることがわかりました。たとえば、自立に向けての調理や宿泊体験、そして本人会。それは、本人たちが企画・準備・実行をするもので、その活動の積み重ねが彼らの自主性を育て、自信を生むことになったのだそうです。それをベースに、一般就労に向けての「職安行動」もかならずおこなっているとのことでした。こんなに楽しく過ごせる作業所があっても、「それでいいんだ」ではなく、あたりまえの生活を手にするために、あきらめずに活動しつづけるという姿に感動しました。

仕事に関しても、自転車磨きは民間の自転車屋があいだに入り全面協力してくれたり、近所の学生が目玉商品に狙いを定めて常連になったり、学校時代の友だちや近所の人が品物を提供してくれるなど、社会とつながっているのがよくわかりました。もちろん、「障がい者のお店だから反対」なんていう地域の声もまったくないとのことでした。

説明をしてくださったのは、障がいをもつ子どものお母さんでした。そのお母さんは自分の仕事としてここで働いているのだそうです。障がいをもつ子どもの親でも働くことができることも、うれしい出会いでした。

それらすべての背景には、本人たちが自分の意思で生きているということ。統合教育に支えられた長い歴史がつくりだした大きなノーマライゼーションがあるのだと思いました。

●山本先生に教わったこと

山本先生からは、これまで述べた以外にも、もっともっとたくさんのことを教わりました。いくつかあげてみます。

「必要なことをする」

「当事者のことを考える」

「かならず理解者はいるから、そういう一人ひとりを広げていけ」

「生活する人に伝えていくのが専門家の役目」

「子どもは親のもとで、地域のみんなと一緒に育つのが大切」

「教育委員会の〝指導〟は子どものことを知ったうえで、子どもや親が選択するためのもの。教育の場を強制するのは差別だと考えている」

「学校に子どもを合わせるのではない。一人ひとりの子どもに学校が合わせるという考え方」

「リハビリテーションとは、『生活障がいをいかに取り除くか』ということ」

「市民のために行政はある」

「ケンカしたらええんや」（先生の言うケンカとは、仲直りできるもの）

「〝実践〟を重ね〝実践〟を制度化することが大切。そして、制度ができたとしても、その制度と制度の谷間を埋めるのは〝人〟であり〝やさしさ〟である！」


……これらをとおして私が学んだのは、シンプルだけれど、「ともに生きること」をあきらめなくていいのだということ。実践が現実を変えるということだった気がします。

そして、私は障がい児の親として、「一般の人に、障がい者とかかわりあうことがなにか特別なことであるという意識が残っているかぎり、障がい者の福祉は健全にならない。人びとの毎日の生活のなかに障がい者の生活も包み込まれるような社会こそが真の福祉社会」という山本先生の言葉どおり、浦安市がそうなっていくことを望みました。

まず、地域に出て、ともにふれあうことから始まる。ふれあうことから理解が生まれる。たとえ障がいがあっても子どもは子どものなかで育っていってほしいし、子どもは親だけで育てているのではなく、学校や社会のなかで育っている。だからこそ、学校や社会が一人ひとりを大切にするところであってほしい。

「これは、私たち親がもつ子どもへの純真な愛情から出る思いである。今日、明日に大東市になれるわけではないが、『こころ』を動かしともに歩んでくれる人は明日にでもいることを信じてあきらめず進んでいきたい」

大東市のレポートの最後を私はこう結びました。

いままでやってきたことは、間違っていなかったんだ。私のなかにあった江里という小さな種《たね》から芽生えた想い、願い、考えは、仲間を得て、〈浦安共に歩む会〉の活動を通じて山本先生と出会い、その仲間たちと大東市の実践に触れたことで、しっかりとした根を張ることになりました。

山本先生とのおつきあいは、先生が他界されるまで続きました。いつも先生は「それでいいんや」「ええなー」「そうやって考えつづけることが大事やな」と、言葉は少ないのですが、そのときどきに確実に的を射たアドバイスや教えやエールやパワーなど、たくさんのことを私たちに送ってくれました。それはみんなきっと深い深い〝愛〟なのだと感じます。山本先生との出会いから浦安市の教育は変わりました。「愛は地域を変える」のだと思います。

●浦安市に戻って

浦安市に戻って、一九九七年二月、私たちはさっそく「浦安市『障害』児教育基本方針」の案を教育委員会に提出しました。五月には、〈浦安共に歩む会〉の講演会として、山本先生を講師に招きました。浦安市のこども療育センターの職員や教育委員会からも参加がありましたが、あまり受けいれられた感じはしませんでした。

「言っていることはまともだけど、うるさい人たち」というのが、正直、当時の行政の〈浦安共に歩む会〉に対する反応だったと思います。行政にいくら働きかけても、それだけではなかなか前に進まない状態が続きました。

翌一九九八年、浦安市長選挙がありました。この機会をとらえ、十月、「浦安の福祉と教育を考える市民討論会」をおこないました。これは、〈浦安共に歩む会〉が中心となって、市内の福祉・教育関係の二十ほどの団体に呼びかけ、「浦安の福祉と教育を考える市民討論会事務局」をつくって開いた、全国でも初めての「市長選挙における公開討論会」です。会場の定員数を大きく上回る三百五十人ほどの参加があり、会場の外でも聞くことができるようにしたほどでした。

暮らしを変えることは政治と直結していることです。それぞれの市長候補の考えをじっくり各論で聞き、投票行動につなげたいと思っていました。また、討論会では、公開質問というかたちで、候補者にも、参加している市民のみなさんにも、私たちの願いを伝えることができます。

会では、一人ひとりの候補者と個別に会い、教育や福祉に関する私たちの願いを聞いてもらい、候補者の話を聞かせてもらったりもしました。できるだけたくさんの市民のみなさんに一緒に考えてもらいたいと、これらを会報誌で特集したりもしました。

一足飛びに、というわけにはいきませんでしたが、障がい児の学校選択について考えたい意向を示した市長が誕生し、医学博士で厚生労働省職員だった山本尚子さんが助役として着任されたこともあり、二〇〇一年の浦安市の教育施策には、ノーマライゼーションの理念が盛り込まれ、障がい児の就学先は本人と保護者の希望を尊重することなどが謳われました。それまでの〈浦安共に歩む会〉の活動や一人ひとりの行政への働きかけが、実を結んだのです。

4 「福祉」――あたりまえの暮らしがしたい

●見守り⁉

大東市を訪ねたころ、私たちの子どもは小学校に入学し、ようやく学校生活にも慣れてきた時期でした。私たち親も、子どもが学校に行っているあいだ、初めてのまとまった「自分だけの時間」をもてるようになっていました。

けれども、買い物や、きょうだいの学校行事、子どもを連れていけない懇談会などのとき、預かってくれる人がいなくて困ったりする大変さは相変わらずでした。そういう日常的なことだけでなく、自分が病気になってしまったときなどはほんとうに困ってしまうだろうなという不安もありました。

〈浦安共に歩む会〉では、最初のころから、一時預かり施設やホームヘルパー派遣などについて、行政に対して要望を出していました。でも、私たちの望む支援について、なかなか理解してもらえませんでした。

たとえば、役所が案内する福祉の支援サービスには、「ホームヘルパーの派遣」があります。ベビーシッターを利用したことのある私にはヘルパーさんに来てもらうことに抵抗はなく、さっそく、「お姉ちゃんの学校行事のときに困る」と言っていたともくんのママと「ヘルパー派遣」を利用してみることにしました。すると役所は、障がい児に「ヘルパー派遣」をすることに関しては、少し検討をしてからOKを出してくれました。でも、当時の「ヘルパー派遣」は高齢者だけを対象にしたもので、障がい児に派遣するのは初めてということ。役所から言われたのは、「見守りしかできませんが、それでもいいですか?」。

見守り？？？　それは読んで字のごとく〝見ているだけ〟ということでした。

ヘルパーを利用するための手続きも複雑でした。まずは、役所の窓口に申請に行き、その後、役所の職員とヘルパー二人、合計三人で面談にやってきました。依頼をしても希望する時間帯にかならず来てもらえるわけではなく、平日の朝九時から夕方五時のあいだ。なおかつ、高齢者対象のヘルパーなので、障がい者はよくわからないということで尻込みをされてしまい、来てくれる人が限られていたため、希望の日にお願いできないこともありました。時間の制約もあり「一日一回、二時間まで」。もちろん毎日など頼めるはずもありませんし、利用の理由も限られていました。

最初の面接だけでなく、利用の日も、かならずヘルパーさんが二人一緒に来ました。でも〝見守り〟なので、二人いても水すら飲ませてもらえず、寝ている江里を二人で見ている……という、なんとも不思議な時間を江里は過ごすことになってしまいました。「そのとき、江里はどんな気持ちだったろう？」と思うと、〝見守り〟ではなく、江里が楽しく過ごせるように必要に応じて対応してほしいとお願いをしました。

少しずつ改善されて、お水やプリンくらいまでなら摂食させてもらえるようにはなり、排泄に関してても手伝ってもらえるようになりました。でも、最後まで、食事は食べさせてもらえませんでした。私たちの生活時間に合わせて平日の朝九時から夕方五時以外にも派遣してほしいという要望もかないませんでした。

●制度はだれのためのもの？

いま思うと、行政がどんなに障がい児のケアに関して不安に思っていたか、よくわかるようなエピソードです。障がい児を人に預けるということはあまりされてこなかった背景があることがわかります。そして、障がい児への「ヘルパー派遣」をお願いして、「できません」と断わるのではなく、高齢者対象のヘルパーであっても、市のヘルパーを派遣して対応しようとしてくれたことは、全国でもまだ珍しいことだったのかもしれません。措置制度で、行政が必要と判断しておこなってくれるサービスなのですから、使う理由を聞かれるのも当然といえば当然でした。

日常生活だけでなく、冠婚葬祭で出かけなければならないときや、私たち親の病気のときは……というと、これがまたさらに驚きでした。

江里の障害者手帳を受けとる日だったと思います。障害福祉課の窓口で、「親が病気になったり、冠婚葬祭などのときには、ショートステイというものがありますよ」と言われました。「もしもの場合に備えて申請だけしておきますか？」と。とりあえず申請をお願いして、「そういう場合に江里はどこに行くことになるんですか？」と聞くと、「江里ちゃんの場合は」（つまり江里のような障がいの子どもは）、家からは二時間くらいかかる、それも二か所からしか選べない、ショートステイとして用意された「病院のベッド」という答えが返ってきました。

「病院のベッド!?　病気でもないのに？」

それだけで十分驚いている私に、さらにびっくりする説明が続きました。そんな緊急事態に利用するというのに、「利用するときは、自分で送迎してもらいます」と言うのです。そんな遠くの施設まで……。

いまは、このことを思い出すとおかしくて笑ってしまいますが、そのときは、心底びっくりしてしまいました。それに、「障がい別に行き先が分かれているんだぁ。私たち親は子どもがどんな障がいでも家で一緒に過ごしている。それに、簡易マザーズホームでもいろいろなタイプの子どもたちが一緒にいるのに」と驚きました。このころはまだ、障がいによって制度やサービスが分かれているという現実がよくわかっていなかったのです。

学校の問題も大変だけれど、私たちが願っている「あたりまえの暮らし」っていうのは、障がい児をもってしまったらかなり大変なことなんだ！　福祉の世界も〝普通〟じゃないんだ、やさしくないんだと思い知った瞬間でもありました。

万が一のときにそんなところに行かされるなんて、たまったものじゃない。だいたい、地域の子どもたちと元気に学校に通っているわが子が、なぜ、私が病気になったとたんに、その暮らしを中断して、学校にも行けず、病院のベッドに預けられちゃうの？　病気なのは私でしょ？　それに、見てくれる人がいないからそのショートステイとやらに預けるのに、「送迎はご自分で」ってどういうこと？

短い時間、人に預けたことはあっても、心配で心配でたまらない。そんなに遠くに宿泊なんて！「それこそ江里に何かあったら、私は行けないじゃない……」と、すっかり動転してしまいました。「これは、とんでもない。何かあったときに、病院のベッドじゃなくて、市内でみてもらえる一時預かりがなくちゃ」と思ったのです。

●生活支援のイメージを模索する

ヘルパーの派遣にしても、ショートステイにしても、いつでも私が困っているときに来てほしいとか、土・日も来てほしいとか、何かあったときは遠い施設じゃなくて近くで預かってほしいとか、もっと言えば家でみていてほしいとか、そういう希望はあるけれど、その希望と現実はとてもかけ離れていました。さすがの私たちも、そこまで言葉にして望むことができなかったし、そんなことを思うのはわがままであるというような気持ちにさえなってしまう時期が続いていました。

とにかく、私たちの思いと現実とのあいだにはギャップがありすぎて、そこをどう伝えていけばよいかが、わからなかったのだと思います。それでも、〈浦安共に歩む会〉としては、そのときに使っていた制度をふくらますかたちでの時間の問題とか、場所や距離の問題などは、くり返し要望として伝えていました。

そんなとき、また運命的な出合いが訪れたのです。それが、曽根直樹さん（東松山市総合福祉エリア施設長。現在は、東松山市社会福祉協議会地域福祉課課長）のやっていた生活支援センター〈ひき〉です。

当時は、大東市にも行くことができ、教育の方向性や、自分たちのやるべきことは決まったと思っていました。そのうえ、大東市で障がいをもつ人たちの働く場所なども見せてもらい、〈浦安共に歩む会〉のこどもの未来委員会に力を入れて、働く場所やグループホームなども積極的に見ていこう、と動きはじめていた時期でした。いくつかの障がい児・者の預かりや日中活動を支えるところの見学に行ったり資料を集めたり、実際おこなっている方に勉強会に来ていただいたりもしていました。そのなかでもいちばんピンときて「これだ！」と思ったのが、埼玉県東松山市の生活支援センター〈ひき〉であり、その所長の曽根直樹さんの考え方だったのです。

私たちは、生活支援ということがあまりイメージできないまま、東松山市に行きました。大東市に行った翌年、一九九七年のことでした。

●生活支援センター〈ひき〉との出合い

〈ひき〉の母体の社会福祉法人「昴《すばる》」は、〈ひき〉以外にも精神薄弱者（当時）通所更生施設やグループホーム、障害児通園施設も運営しており、いろいろ見られるかなと思って、行くことにしたのです。

参加メンバーは六人。子どもを学校に連れていくのはパパにお願いし、朝七時前に家を出発です。毎度のことながら、子どもたちが学校に行っているあいだの時間にすべてを見学し、浦安市に戻らなければいけないので、昼には東松山市を出る、食事は車の中……というようなタイトなスケジュールでした。

「どんなところなのかなぁ」。〝施設〟は見学に行ったことがあるので、頭はややそちらをイメージしていたのかもしれません。地図を追って到着した生活支援センター〈ひき〉は、住宅街にある普通の一軒家でした。とくに何かの設備もない、ごくありふれたリビングや畳の部屋もあるような〝おうち〟でした。すごく身近な感じで、「いいなぁ」とまず感じました。そのリビング兼相談室にもなるという部屋で、スライドを使っての曽根さんの「利用者サイドに立ちます」というスタンスの話に、すっかり感動してしまいました。

曽根さんが当日説明をしてくださったのは、以下のような内容でした。

①相談事業と介護支援事業が一体化している……障がい者が地域での生活をどのように組み立てていったらいいかを考えるとき、福祉制度などの情報が必要だし、専門的アドバイスも必要である。また、障がい者自身が主体的な生き方をするには、介護支援は必須。相談と介護支援のふたつの事業が連携していることに意味があると思う。

②登録すればだれでも（比企地区十市町村、六十五歳以下の障害者）、年間百五十時間まで無料……百五十時間を超えた場合は「ファミリーサポート すばる」（有料）を利用することになるけれども、障がいのある人もとりあえず百五十時間、経済的にも心配なく利

用できる。

③障がいの種類を問わない……どんなに重い障がい（経管栄養をおこなっている、など）でも、家でやっているケアは同じようにおこなう。

④介護支援が、「一時預かり」「送迎」「介護スタッフの派遣」のセットである……障がい者の生活はさまざまであり、その生活を支えるためには、支援の場が固定された場所のみでは解決されない。利用者のニーズに介護支援体制を合わせてこそ、生きた介護支援サービスといえる。

⑤預ける理由は聞かない（緊急の場合は優先するため、聞く）……なんでもないときにこのサービスを使ってほしいので、聞く必要はない。サービスを使ううえでのストレスをつくらない。あくまでも利用者主体の考え方。

⑥利用者本人が楽しめるようにすることが大切

⑦場所が普通の住宅地にある……必要な施設面での改善さえあれば、預けられた子どももくつろげる。〝施設〟に預けられたような違和感がなく、アットホームな空気を大切にしたい。

●あたりまえの生活をあきらめることはない！

大東市のときもそうでしたが、私たちが「わがまま？」「望みすぎ？」と内心はおそるおそる願っていることを、障がい児の親でもない第三者が、私たちの想像以上にやってのけ、「それが、どうした」「あたりまえでしょ」と話されると、「はぁー！」と感嘆のため息しか出ませんでした。

曽根さんには、「すごいでしょ」とか「ここまでやってるんですよ」などという恩着せがましさなど一切なく、何を聞いても淡々と答えてくれました。

「学校にも迎えにいってくれるんですか？」

「だって、それは必要だったら行くでしょう」

「最初はお母さんたちのレスパイトというふうに思ってやったけれども、やっぱり実際は預かっている子どもたちが、楽しく過ごせるようにと考えるようになった。そうすると、本人支援でもあるし、お母さんもハッピーだ、ということなんですよね」

私たちは、「ヘルパーさんに食事の介助もしてください」とか「土・日や夕方の五時以降も来てください」という要望をしているというのに、〈ひき〉では、サービスを提供している側の人が、「生活はずっと二十四時間三百六十五日ですからね」と淡々と言う……。曽根さんが話す内容一つひとつに納得し感動し、私たちの胸にずんっとあたたかいものがわきあがりました。

私たちにとっては、大東市の取り組みが「教育」のことであり、「子どもの学校生活をなんとしてでもよいものにするのだ」といういわば〝子どものこと〟だとすれば、曽根さんの取り組みや話は、私たち親へも「いいんだよ、普通に休んだり遊んだりしても」と言ってくれているような気持ちになりました。

「必要な支援があれば、あたりまえの暮らしをあきらめることはないんだ」

家族に対する介護支援はもちろんですが、それが同時に本人の支援になることまでよーく理解できました。私たちが求めていた支援はこれだ！　大東市の「障害児教育基本方針」に続く実現したいことがもうひとつできた瞬間でした。

●レスパイトの発想

「どんな障がいの人も利用できる」「送迎もする」「その人の家や希望の場所にも行く」「その人にとって必要なことを提供していく」という考え方は、私たちの探し求めていたものとぴったりと一致しているのに、ずっと措置制度のなかで「これとこれとこれだったらできるけど、どれにする？」というようにしか支援サービスを受けたことがなかった私たちは、自分たちの望むかたちを主張することもできていませんでした。

「こういう支援サービスがほしい」とか「だれか預かってよ」ということは、「障がい児を人に預けるなんて」という非難もあるだろうし、大きな声で言う勇気は、きっとだれ一人なかったのではないかと思います。

もともとの私たちの発想や活動は、障がい児としてではなく一人の子どもとして育てたい、その延長線上に地域の普通学校に行かせたいというところから始まっています。だから、当時は、幼稚園や小学校のことが落ち着いて、教育の方向性が見えて、「これでやっと自分たちの暮らしは〝普通〟なのかな？」という感じでした。

「自分らしく」といまでこそ言っていますが、障がいを受けいれたり、幼稚園や学校との交渉などの渦中にあるときは、自分のことなんか、やっぱり考えられませんでした。フツフツとはしていても。子どもが学校に行きはじめて、ふと、自分のことを考える。自分だってたまには思うぞんぶん出かけたり、パパとも飲みにいきたいとか思っている。でも、レスパイト（家族が一時的にケアを離れて休むこと）に関しては、「自分たちの休憩」ととらえ、それをむきになってがんがん要望することには抵抗がありました。

なにしろ、私たちは「子どもたちが地域で幸せに豊かに過ごせるように」活動しているのであって、「私たちが幸せに豊かに暮らせるように」ではなかったのですから。親としては、子どもの問題を最優先するのは当然のこと、自分たちのノーマルな暮らしも手に入れよう、なんていう発想にまでたどりついていなかったのです。きっと否定的な気持ち、負い目（引け目）のような気持ちもあったのだと思います。自分たちが休みたいことを行政にお願いするなんて……。

それからもうひとつ、子どもに対しての後ろめたさが大きくありました。とくに、〝見守り〟しかしてもらえなかったころなどは、子どもに対して「申しわけないけど、がまんして留守番しててね」という気持ちでした。水も飲めずにいるのですから、「早く帰んなきゃ」「大丈夫かなぁ」と気になってしかたありません。子どもが楽しいとか、おもしろかったということはないのですから、こっちがどんどん悪いお母さんになっているわけです。後ろめたい気持ちになるし、良心がさいなまれてしまいます。
とても、そんな状況で遊びになど行けるわけもありません。

●親への支援は子どもへの支援

生活支援センター〈ひき〉の実践で、「これだったんだ!」といちばん強く思ったのは、「親の休息」という意味のレスパイト・サービスを親が利用することが、子どもも本人の支援になったという順番と結果です。そして、その結果を受けて、「本人支援」という視点で本人にも満足される支援内容を提供しているということでした。この支援なら、子どもが自立していくことにもつながっていく……。

私たちはやっと、どんな支援があれば、親も子どももあたりまえに自分らしくいられるのか、大げさにいえば〝普通〟の暮らしに近づけるのかということを理解できた気がしました。私たちには、子どもが楽しく過ごせていて初めて、自分の安らぎもあるのです。

子どもたちが、なにか不自由で、やりたいこともできなくて、集団でごろごろ寝かされていたり、放っておかれたりしているのに、「おいていく」「預ける」という選択肢は私たちにはありません。そんな状態なら、わが子を人に託そうとは思えないのです。

　子どもにとってのいい状態があって初めて、親も心身ともに休める、楽しめるという順番だからこそ、〈ひき〉を見たとき、私のなかでの矛盾は消え、まさに〝目からうろこ〟でした。こういう支援サービスがほんとうにほしい！

〝普通〟を望めないと思っていた「福祉」という私たちがまだよく知らない世界には、曽根さんみたいな人もいて、障がい児・者とか家族のために、これだけ思って働いてくれているんだぁ。大東市の「教育」と同じように「福祉」にもこんな実践があるんだ。曽根さんを浦安に連れて帰りたいくらいでした。

第4章 自立ということ

小学校中学年の運動会。障害物レースでお友だちと

1 江里の学校生活

幼稚園から中学卒業まで地域の友だちとともに遊び学んできた江里は、当然ですが、国語や数学をはじめ家庭科や体育など、すべての授業を受けました。運動会、林間学校など、すべての行事にも参加し、ほかの子どもたちが学び出合うことを、量こそ違えど体験してきました。

「寝たきりの子どもが、運動会の組み体操?」「どうやってリレーで走るの?」「手も使えない人が家庭科の調理実習をできるの?」「刺繍が好きってホント?」と思われるかもしれません。

林間学校でも、みんなと同じ山に登って新鮮な空気を吸い、鍾乳洞を見学し、友だちや先生と不思議な世界を体験し、朝はいちばん遅くまで寝ていて友だちに起こされて……。というふうに、書いてしまえば、まさに〝普通〟の小学生の林間学校そのものです。

けれど、その舞台裏にはたくさんの支援や知恵や工夫がありました。そして、たくさんの人の愛情がありました。そのいちばん根っこのところに、「江里ちゃんは私たちのクラスの一員。この学校の児童である。だから、みんながやることを江里ちゃんもやるのはあたりまえ」という前提があります。

ともに生きるということは、「障がいがあるからできない」という発想に立つのではなく、あたりまえにおこなうことを、「一緒にいる一人ひとりに応じて、みんなで考え支えあう」という考え方に立つということでした。

●江里の小学校入学

母子ともにめでたく地域デビューを果たし、母子ともにお友だちに恵まれ、先生方に恵まれ、楽しくてあっという間に終わってしまった幼稚園生活。親の悪戦苦闘をよそに、子どもたちはとても自然に地域の小学校に入学していきました。

ママ友だちからは「失礼だけど、江里ちゃんって、みんなと同じ学校に入れるの？」「何か必要なことがあったら言ってね。私たち署名でもなんでもするから」といった入学に関する話題が出ることがありました。一方、江里の幼稚園の友だちは、「学校になったら一緒に行こうね」とか「ランドセル買った？　何色？」などと、江里も同じ小学校に入るのが当然と思っているようでした。

それでも、私たち親の話を耳にしているのか、自分自身の心配なのか、入学式の朝、学校に向かう道で一緒になった友だちが、「もし、江里が学校でいじめられることがあったら、私がぶったおしてやる！」と言いました。ひらひらのかわいいドレスとかわいい顔には似合わないその言葉に、子どもたちの純真さや、人が本来もっているやさしさや強さのようなものを感じました。「ずっとこのまま、まっすぐに社会がつくられていけばいいのに……」と、入学式の気持ちの高ぶりとあいまって、うれしさと心強さと願いが重なった気持ちで、二人の子どもの写真を撮りました。

入学式のことはその象徴であるかのように、小学校以降、江里の友だちの純粋さやあたりまえの感覚には、勇気づけられ、私が親として、また、江里の支援者としてどう行動したらいいかも含めて、たくさんのことを教えてもらいました。

このことが現在の〈とも〉がおこなうユニバーサルな支援につながっている大きな出来事のひとつだったことを考えると、〈とも〉の支援のあり方は、幼い子どもたちが感じるような自然であたりまえなことなのかもしれません。

●みんなと一緒の授業

浦安市では、江里のような重い障がいがある子どもを地域の普通学級で受けいれるのは初めてのことでした。スロープやトイレの改修については、前年度から教育委員会と打ち合わせをしていましたが、工事が終わったのは入学式ぎりぎり。でも、トイレは車椅子が入り、着替えることのできるベッドが設置できる広さに改修され、玄関などにはスロープが設置されていました。

また、江里は車椅子だけでは長時間の姿勢保持が難しいため、横になったままで授業が受けられるようなベッドや、立位をとり身体的な訓練をかねることができる立位保持装置を教室に持ち込みました。さらに、掃除や体育や休み時間などの歩行に使う歩行器など、江里の「障がい」の部分を補い、安全に、不便をなるべく減らし、みんなと一緒に学校生活を送るための〝道具〟が、自前だったり学校のものだったりと、用意されていきました。

　江里の机は、みんなの使う机の一・五倍くらいの大きさがあります。体のカーブに合わせてカットしてあり、角度も変えることができ、縁どりがしてありました。幼稚園から一緒の友だちは何も不思議に思いません。二年間で江里の特徴がわかっているから。

「江里ちゃんは、手や足や首なんかが自分の思いどおりに動かないときもあるし、反対に、自分は動かしたくないのに動いちゃうときもあって、止めることができないんだ。だから、隣に座ったときなんか、ときどきわざとじゃないんだけど、私の前に手が出てきてぶたれたかと思っちゃうときがある。けど、それは、わざとじゃないって一緒にいたらわかるから。そうならないように、後ろから手を押さえてもらったり、私のところに出てきた手をつないであげとけばいいんだ」

ということを、言葉におきかえなくとも自然にできています。が、初めて江里とつきあう子どもたちには、「どうしてこんな机なのか?」の説明も、ときには必要でした。

「江里ちゃんはね、字を書いたりものをつくったりするときに、みんなのように、腕を上手に曲げたり伸ばしたりして作業ができなくて、手をピンとまっすぐに伸ばした位置がいちばん字を書きやすいの。そのためには、大きな机が必要なんだ。それにね、首が据わらなくって、前かがみで字が書けないから、机のほうが起きてきてくれればうまく見ながら書けるんだ。だからこの机なんだよ」というふうに。

●掃除はどうする？

掃除の担当をどうするか？　掃除は班に分かれていろいろな場所を担当します。「江里ちゃんは介助の先生に介助してもらわなければいけないから、やらなくていいか？」「介助の先生にやってもらってることにならないのか？」

障がいがあっても、できてもできなくても、学校でみんながやることはやる。障がいがあることを特別扱いしないでほしい、と思っていました。

江里は長い時間は無理ですが、自分で布を持っていることができるので、車椅子に乗って届く範囲の窓を拭きます。雑巾を握って少し拭いては、不随意で手から離れてしまうたびに介助の先生にまた握らせてもらい、掃除しました。

廊下の雑巾がけは、さすがに介助の先生がぐにゃぐにゃの江里を抱っこしてうつ伏せにしては無理なので、考えました。子どもたちも「廊下や教室の床の雑巾がけはいったいどうやるのかな？」と考えているようすもあり、おとなの出す結論を楽しみにしているようすもあり……。

江里は、毎朝、車椅子で登校すると、階段の下で車椅子から降り、介助の先生に抱っこされて階段を上り、上りきったところに置いてある歩行器に乗り換え、朝の会が終わり授業が始まるまでは、歩行の訓練もかねて歩行器で過ごしていました。

その歩行器を使えばいいんだ！　歩行器で歩く江里の足を手のかわりにしました。掃除の時間は江里が歩行器を使って前に進めば、その距離だけ廊下の雑巾がけができました。友だちも「おーっ、今日はすごくたくさん江里、雑巾がけできたよー」と、その方法にもりあがりました。

●給食だけは「特別」

自分でできる部分は主体的に力を発揮するのは当然のことです。子どもたちにも先生にも、「江里ができないところは手を貸してほしいけれど、ほんの少しでもできる部分は自分でやらせてあげてほしい。時間がかかっても多少のことなら見ていてほしい」とお願いしました。同時に、どうやったらできるか、同じ教室のなかで一緒に考えてほしい、とも。

でも、給食についてだけは、例外です。食事には命がかかっているからです。

給食の当番と、本来なら自分でやらなければいけない部分（手洗いや自分の机の準備など）も免除してもらいました。上手には食べられない江里、それも時間のかかる江里。配膳や後片付けも含めた給食の時間枠を、江里だけはめいっぱい「食べる時間」に使わせてもらいました。

2 エレベーター設置交渉から広がった輪

みんなが待ちに待った昼休み。「江里ちゃん遊ぼう！」「外でドッジボールしよう」「はないちもんめしよう」「ボールで遊ぼう」。

江里は、みんなと同じようにすぐに階段を下りて校庭には行けません。教室用の車椅子から降りて、介助の先生に抱っこされて階段を下り、今度は外用の車椅子に乗り換えて、やっと校庭にたどりつきます。それは、楽しいお昼休みのときばかりではなく、理科の実験や家庭科の調理や移動教室のときや、授業中に「じゃあ、いま教科書で調べたことがほんとうかどうか、ちょっと校庭で探してみよう」となったときなど。

ふだん自由に、無意識に簡単に移動できる私たちの想像をはるかに超え、いざ、車椅子からの乗り換えや階段の上り下りを抱っこですることには、不便と負担がありました。

●「どうして、学校にはエレベーターがないんだろう？」

二年生のあるとき、同級生が「いつも江里ちゃんは外に出るのに時間がかかって、かわいそうだね。一緒にいたいのにいられないし……」と言いました。

短い休み時間や昼休み、みんなは少しでも早く外に出て遊びたいと思う。だから、江里がすばやく移動できない不便さをかわいそうに思う。自分の行動はといえば、「江里ちゃんを待っててあげたい」「けど、早く外で遊びたい」。そのはざまで気持ちが揺れます。「先に行ってるね」と江里を待たずに声をかけて先に階段を下りる子。「一緒に下りよう」と待っている子。みんなは校庭で合流し、一緒に遊ぶ毎日が続いていました。

一方、放課後、友だちと遊びに街に出ると、階段のあるところにはスロープが併設されていて、一緒に車椅子を押して歩いていけました。近くのショッピングセンターには、どこにでもエレベーターがついています。エレベーターで移動するときには、江里もほかの子どもたちと同じで、そこに「障がい」は感じません。違いは、立っているか車椅子に座っているかだけです。階段を上がれない状態にあること、それが「障がい」です。

「どうして、学校にはエレベーターがないんだろう？」

放課後、自宅に遊びにきている江里の友だちが、家の近所の駅に続く階段のまえで言いました。

「学校以外で江里と遊ぶときには、どこに行っても一緒にいられるし、どこにでもエレベーターがあるのに、おかしいよ」

「江里の車椅子は私たちの足と同じだって言ってた。だから、階段上れないならエレベーターつけてよって、パパに言っといた」

「そうだよねー」
子どもたちの会話は、まるでおばさんの井戸端会議状態になっていきました。

●江里の安全確保のために

入学する際の教育委員会での話し合いでは、トイレの改修など、なくては学校生活が成り立たないものは改修するが、それ以外は難しいと言われていました。それに対して私たちは、入学時までには難しくても、エレベーターをはじめとして、江里が安全に移動できる手段の確保をお願いしてありました。

三年生になると、三階の教室になります。そのうえ、家庭科や音楽や理科など、教室の移動が頻繁になります。いくら小柄の江里でも、毎回毎回、抱っこされての階段の移動では、介助の先生の負担も大きいし、何かあったときを考えると危険です。階段での移動の頻度が高ければ高いほどそのリスクは増し、毎日、学校から無事に帰ってくるか、不安に思っていました。そんな矢先、介助の先生が梅雨時の湿った廊下で滑って転倒してしまい、怪我をされました。もし江里を抱っこしているときだったらと思うと、ぞっとしました。

重い障がいをもち、かぼそい江里のようすに驚く教育委員会の人や先生から、「こんな子どもが普通学校で過ごすのは危ないのでは?」「怪我などあってもいいんですか?」と質問されることもありました。元気な子どもたちと廊下でぶつかって怪我をするかもしれない、だから、ほかの子どもたちと接触させないようにしたほうがいいのでは……なんて話をされたこともあります。

子どもの身の安全を祈らない親はいません。学校が安全への配慮をしたうえで、先生方が愛情をもって責任を果たし教育をされているなかで避けようもなく起こることなら、それは親も引き受けることができます。けれども、はじめから安全が守られない環境しか用意できなかったり、その現実を認識していながらも人的な支援や配慮を怠って事故が起きてしまうなら、それは許せるはずがありません。

子どもたちは、いとも簡単に「エレベーターが学校にないのはおかしい」と言います。けれども、教育委員会は、普通学校にエレベーターはないのは当然としています。ノーマライゼーションやバリアフリーという言葉が言われているこの時代にあっても、普通学校にエレベーターが必要だというのは無茶な要求なのでしょうか。

●地域のだれもの安全のために

まずは江里の安全のためにエレベーターがほしいと思う私がいる。「けれど、それを実現するには……」と考え、ふっと引いてみる。それは、みんなにとって、学校にとっても、必要とされることだろうか？　もしくは、受けいれられることだろうか？　どれくらい困難なんだろう？

一九九四年にハートビル法（「高齢者、身体障害者等が円滑に利用できる特定建築物の建築の促進に関する法律」のこと。二〇〇六年十二月には「高齢者、障害者等の移動等の円滑化の促進に関する法律」〔バリアフリー法〕に替わった）ができたこともあり、千葉県にも「福祉のまちづくり条例」ができていて、そのなかに学校も含まれていました。

でも、それまで考えてみたことがなかったけれど、車椅子を使っている保護者はいなかったのかな、おばあさんやおじいさんや足の不自由な家族や、体調の悪い人にとっても、学校は、行きにくかったり、がんばらないと行けない場所だったのではないか、と気がつきました。怪我をしている人もいれば、元気そうに見えても階段を上ることがしんどい人もいるでしょう。私だって、明日車椅子を使う状態になるかもしれない……。そのときに授業参観に行けない、もしくは行きにくいなんて、悲しいことじゃないかと思うのです。

子どもたちだって、骨折などで車椅子や松葉杖を使わなければならないときもあります。先生も同じです。そんなとき、元気なのに車椅子だからというだけで登校することができない学校は、なにかおかしいなぁ、と思いました。実際に、あるお母さんから言われました。「エレベーターがないとき、子どもが怪我をして車椅子になったの。そしたら、『学校にはエレベーターがないから行かなくていいです。教師が自宅を訪問して勉強を教えますから』って教育委員会から言われたけれど、子どもは、学校には友だちもいるし勉強だけじゃないから、とっても学校に行きたがってたのよ」。

それに、江里の通う学校には特殊学級（現在の特別支援学級）があって、体の不自由な子どももいました。かれらの学級は一階にありましたが、保護者たちからは同じ学年との交流の希望が出されていました。一日何回も人に頼んで三階の教室に移動することは大きな負担です。

もうひとつ、学校は地域の避難所になっていることに気がつきました。体の不自由なお年寄りや障がいをもつ人は、近くの避難所がバリアだらけだったらどうすればいいんだろう？　学校のトイレがバリアフリーじゃなかったら、地域の障がい者ってどこに行けばいいの？

江里の入学を機につくられたスロープも、ベッドが入る広さの車椅子用のトイレも、江里やつぎに入ってくる子どものためだけでなく、広く地域の人のためにも使えるはず。自分の暮らす地域の避難所がバリアフリーになることにならなら、みんなのコンセンサスは得られるんじゃないのかな、と思いました。

エレベーターが実際に設置されれば、それは江里一人のためのエレベーターではなく、地域のだれもがいつでも「障がい」なく過ごせる学校として機能します。

でも、いまは、普通学校は五体満足バリバリ健常な人だけが集まる偏った場所になっている。「国際障害者年」の障がい者に関する「世界行動計画」のなかに「ある社会が、その構成員のうちのいくらかの人々を締め出すような場合、それは、弱くてもろい社会なのである」という文章があります。その意味で、普通学校は弱くてもろい社会かもしれない、と思いました。

●PTAにも投げかけた

学校にエレベーターの設置を再度お願いしようと動きだしました。①江里の保護者として個人で教育委員会にお願いにいく、②〈浦安共に歩む会〉からお願いする、③学校から教育委員会にお願いしてもらう、④江里の通う小学校のPTAにも投げかけ、PTAからも可能ならお願いしてもらう、という四つの方法をとることにしました。

PTAに投げかけた理由は、障がいをもつ江里一人のためだけでなく、だれでもいつでも「障がい」なく過ごすことができる公共施設である学校のバリアフリーを進めるという視点で、地域の人たちなど、多くの方々に一緒に考えてほしい、地域に暮らすみんなの問題としてとらえてほしいと思ったからです。

PTAに投げかけることについて、障がい児のママ友だちからは「江里ママは勇気があるね」と言われました。それは、障がいをもつ子どもが地域の普通学級で学ぶという、根本的な問題を投げかけてしまうことだ、と。私は、もう三年生になった江里に対してそんなことを議論されるはずはないとのん気な一方、不安はもちろんありました。が、どんなことが議論されても伝えられても、しっかりと受けとめようと心に決めて、PTAの集まりに臨みました。

ママ友だちの予告どおり、「どうして江里ちゃんは普通学級に通っているのか？」「学校にはエレベーターがないことをわかって入ってきたのではないか？」という質問がありました。それに対しては、私はていねいに自分たちの思いや願いを伝えました。

でも、幼稚園や小学校の同級生のママたちは、私の話よりもっと迫力（熱意と愛情）をもって、その問いに答えたり、思いを語ってくれたりしたのです。「自分の子どもと江里ちゃんは友だちで、一緒に育ってきた。この学校で一緒にいてほしい必要な子どもなんだ」と。「西田さんはずっとこの地域で子どもを育てたいと思っていままでいるのに、そんなことをいまさら聞かれて、わざわざ説明をしなきゃいけない西田さんの立場を考えると、ほんとうに申しわけないと思う。江里ちゃんのためだけではない。みんなのためにも必要なんだということを考えてほしい」と、涙ながらに話してくれたママ友だちもいました。

江里の在学についての話はその後されることはなく、エレベーターの設置についての話し合いが続きました。そのなかでは、「障がいのある子どもが目のまえにいるのだから、設置に賛成」という意見。「障がいのある子どものためだけではなく、バリアフリーの観点や地域に開かれた学校という視点でも、設置に賛成」「反対する理由はない」など、多くが賛成の意見でした。なかには、「教育委員会は設置したいのだけれど、予算がないからだけではないか？　予算の確保ができれば設置しないなんて言うはずがない」などという意見もありました。また、「エレベーターの設置はいいと思うけれど、子どもたちが危なくないのか？」という質問があり、それに対しては、いまはエレベーターは街のどこにでもあることや、使用の仕方を工夫することで解決できるのではなどの意見がありました。

エレベーター設置のお願いの手紙は、学校の保護者全員に配られました。各クラスで議論され、学年で議論され、学校全体で議論されました。結果、エレベーターの設置をPTAとして教育委員会に要望することが決まり、当時のPTA会長が教育長に要望書を提出しにいってくれたのです。

また学校側も、安全の問題は人的支援では補いきれないという認識のもと、同じく教育委員会に設置のお願いをしてくれました。もちろん、〈浦安共に歩む会〉も要望書を提出し、教育委員会との会合で活発な意見が出されました。

●バリアだらけの教育委員会

私たちは、何度も何度も、親子で教育委員会に足を運びました。教育委員会のある建物には階段しかありません。

教育委員会では、「エレベーターの設置は福祉課にお願いすることではないか」と言われました。「障がい者の問題は教育委員会ではなく、福祉だ」と。そうなのかなぁ？でも教育委員会の人が言うのだからと、福祉課に行ってみると、「学校のことは教育委員会に行ってください」。「私たちはいったいどっちに行けばいいのでしょう？」と、しかたなく質問すると、どちらでもなく、「まちづくり、とかですか？」……。縦割りっていうのはこういうこと？

教育委員全員に手紙も送りました。面談も申し入れましたが、会ってくださったのは一人だけ。

教育委員会議の傍聴に行ったときには、ある委員が、「その親はそんなにエレベーターに固執するのなら、エレベーターが設置されている小学校があるから、そこに通えるように学区の変更の提案をしたらどうか」と発言。これを聞いて怒ったのは、教育についての活動をしている「健常児」のお母さんです。

「あの人、なに言ってんだろ？　地域とか友だちとかをなんだと思っているの。江里ちゃんをなんだと思っているの。なぜ、地域の学校に通っている意味とか、そのなかでの友だちとの関係とか、一緒に学ぶことの意味とかを考えられないんだろう」

それを聞いて、私のほうが「そうだよね」って感心したりして……。子ども本人を中心に考えられる人たちといかに一緒に生きているかによって、環境も気持ちもまったく変わるなぁ、そう感じた場面でした。

たくさんの議論をし、多くの人の意見が集約された「お願い」でしたが、結果、小学校にエレベーターは設置されませんでした。

教育委員会から伝えられた理由は、①浦安市は統合教育をしないのでエレベーターは設置できない、②エレベーターについては浦安市の設置方針があるのでこれに準ずる（築三十年以上の学校の大規模改修あるいは新設校にエレベーターを設置する）、③江里の安全性についてはエレベーター以外の方法で考える（人的な対応を増やしたり、階段昇降機も視野に入れて）、でした。

教育委員会にお願いした学校を除く三か所から出された文書には、「江里だけのためにエレベーターを」ではなく、「地域の学校にエレベーターを」とされていたのに、教育委員会の回答はそのことに一言もふれられず、無念さはぬぐえませんでした。ここでもまた、「本来いるべき子どもではない」という、障がい児が存在することへの否定があるように感じられました。

このように、エレベーターについての結果は不本意でしたが、江里の安全確保のため、日本で初めて普通学校に車椅子のまま乗ることができるプラットホーム式の階段昇降機が設置されることになりました。一九九八年のことでした。

●対等な地域の一員として

このエレベーターの設置要求をとおして、障がいをもたない人たちと問題を共有できたことは、私たちの大きな糧になりました。地域で江里を育ててきてほんとうによかったと思うことができました。学校の一員として、みんなで議論してもらえたのです。エレベーターのことだけでなく、率直な質問のおかげで、なぜ江里をこの学校に通わせているか、たくさんの人に話すこともできました。率直に意見を伝えてくれる人がいるから、自分たちの話を聞いてもらうこともできたのです。私たち親子は、さらに地域の中で暮らしやすくなった気がしました。

泣きながら話してくれたママをはじめ、「自分だったらこんなふうにエレベーターが必要だと思っても言いだせない。だからこそ、私たちまわりが積極的に行動しよう」と言ってくれたママ。「なんでもするよ」と電話をくれた何人ものママたち。違う学年の会ったことのない保護者の方々。いままでつきあいはなかったけれど、同じ地域の問題として熱心に行動してくれた方々。結果を残せとアドバイスをくれたパパたち。みなさんの気持ちや、友だちの存在がどんなにありがたかったかわかりません。

エレベーターの議論ができる勇気をもてたのは、「障がい児はどう思われるのかな？」「いじめられないかな？」とおそるおそる出ていった幼稚園から始まって、みんなと一緒に育ててきたから、関係性があったから、共感してくれるであろう仲間（江里にも自分にも）がいたからだと、あとからあらためて感謝の気持ちとともにしみじみと感じます。

そして、江里が毎日学校に行く姿、放課後は友だちと遊ぶ姿を見ている地域の人がいること。どんな気持ちで、どんな表情で、障がいのある子どもが暮らしているかが見えていることで、みんなは、いいことも悪いことも率直に言える対等な関係の一人として、日々のかかわりの延長線上でかかわってくれたのではないかと思います。

「学校にエレベーターを」と唐突に言っても、聞いてくれる人は少ないかもしれません。それを必要とする人がまず目のまえにいたから、必要性を強く認識できるのでしょう。けれど、それが広くみんなの必要性だということは、あとから少しずつ理解されるということかもしれません。

エレベーターではなく階段昇降機が設置されたことに対しては、当時、だれ一人として「よかったね」とは言いませんでした。「なんでエレベーターじゃないんだろう？」と言う人はいても……。「みんながなじんでいて、だれでも使えるもののほうがいいじゃないねぇ」。そう、だれか特別な人だけが使える支援より「みんなが使える支援」のほうが支持されるのは、あたりまえのことなのです。

このエレベーターの件はもう十年以上も前のことですが、つい先日、そのころのクラスメイトのママとばったり会って、言われました。

「あのホテル、いまごろスロープつけてるじゃない？　その工事現場を見て、うちの子が『私たちは江里ちゃんがいて、そういうのがあるのがあたりまえだと思っていた。いまごろこんなことやってんのっておかしいよね』って言うから、それはそうよね、って。『でも、あのエレベーターだって、ママたちはけっこういろいろ大変だったんだよ』って話してたの。いろんな人がいるからね。江里ちゃん、元気？」

私の見えないところで、ママたちは水面下でいろいろ動いてくれていたのだろうなぁ。そのころも感じてはいましたが、まわりの人たちのありがたさをあらためて思い、ジーンとしました。

もし遠い養護学校に通っていたら、「災害避難時のために、バリアフリーにしてくれ」と言っても、同じようにあれだけたくさんの人が熱心に考えてくれたかどうかは、わかりません。私もまた、言いだせなかったに違いありません。そして、江里しか子どものいない私は、地域に友だちもできずに孤独な気持ちで暮らしていたかもしれません。

その後、市長が替わり、厚生労働省から助役が来て、〈浦安共に歩む会〉の活動が実り、二〇〇一年、障がい児教育の基本方針がつくられ、障がい児が在籍する学校から「すべての学校にエレベーターを設置していきましょう」という方針が出されました。その後の学校施設説明会では、うれしいことに、教育委員会が誇らしげに「浦安市ではすべての小学校と中学校にエレベーターを設置する予定でございます」と発表していました。

3 林間学校

「江里ちゃんがいるのは当然」という根っこをもった学校生活は、「ともに生きる」ことのすばらしさを知ることはもちろん、いまの〈とも〉につながるたくさんの要素を残してくれました。

別のところにいる人のことや、違うように見える人のことを自分に引きよせて考えるのは、どうしても難しくなりがちです。でも、「一緒にいる」ことがそれをたやすくしてくれる。そう実感する場面の連続で、「ともに生きるための支援」はまさに「ともに生きる体験」から生まれました。

●林間学校に対する不安

江里が一人の子どもとしてみんなと一緒に学校生活を過ごすには、学校の先生だけではなく機能訓練や療育の専門職、保護者や地域の方など、ほんとうに多くの方の協力を得て、具体的な工夫や知恵があふれた〝支援〟が必要でした。

たとえば、体育の授業で「サッカーは?」「ドッジボールは?」、あるいは「遠足など行事には何を準備してどう参加するの?」など、どのようにしたらみんなと同じような学校生活を送ることができるか、方法論が積み重ねられていきました。

そのときどきで充実した学校生活を送るために「いま、どうするか」をみんなで考えていたのですが、結果、その積み重ねが江里の自立や私の子離れのプロセスとなりました。

その大きな節目となる強烈な体験が、二〇〇〇年、江里が五年生のときの林間学校でした。茨城県へ二泊三日。内容は、山登り、海岸の散策、キャンプファイアーなど。

江里はこのときまで、一人でお泊まりに行ったことが一度もありません。小学校二年生のときインフルエンザからの肺炎で二週間入院しましたが、親の付き添いが必要ということで、一晩も親子が離れた経験はありませんでした。

そんな私たち親子にとって、いきなりの二泊三日。それも炎天下での山登りをはじめとする強行スケジュール。江里の体力はもつのだろうか？ 食事はちゃんととれるだろうか？ 先生方は、江里を同じ行程で参加させてくれるだろうか？ お友だちは、江里がいることを負担に思わないだろうか？ 江里に何かあったときには、どうしたらいいんだろう？

林間学校がある五年生になった四月からの四か月間は、日々頭のなかはそのことでいっぱい。林間学校のことしか考えられなかったと言っても過言ではない毎日でした。いま思えば、あきれるくらいのエネルギーを使いました。

漠然とした不安、細かな心配ごと、それらを一つひとつ払拭し、江里が楽しく参加できるように、私たちは学校と何度も打ち合わせを重ね、緻密な予定を立て、準備をしました。

はじめの不安は、いままで先輩ママたちから何気なく聞かされたことのある不安。「障がいのある子は林間学校には行けません」、もしくは「ほかの子とは違う行程でなら……」と言われないだろうか？ そのときにはどうしたらいいんだろう？

●学校と話し合う

学校との大きなテーマでの話し合いには、必ずパパに同席してもらっていました。戦略を立て理論的に、かつ、相手と対立しないでにこやかに話ができる、私がもっていない社会性と能力をもっているパパは、江里の学校生活を円滑に進めていくうえで欠かせない存在でした。

二人で、まずは校長先生と教頭先生に話をしました。「連れていってもらえますか?」などということは言いません。

私たちが最初に話したのは、初めて旅行に一人で出すので私たちもとても心配で不安だということでした。そして、引率してくださる先生方や校長先生はもっと不安で心配であるだろうことが理解できること。だから、どうしたら双方の不安がとり除かれ、江里、クラスメイト、先生方、みんなが楽しく林間学校に参加できるかを一緒に考えさせてほしい、ということでした。

それに対して、校長先生も教頭先生も担任の先生も、率直に不安や心配ごとをぶつけてくださり、具体的に解決していこう、という気持ちを伝えてくださいました。そこには、「障がい児は連れていかない」という発想はなかったと思います。

学校は、江里のような障がいをもった子どもを初めて受けいれたのです。四年間の経験はあっても、私たち親がそうであるように、林間学校という特別な環境での不安があり、具体的なイメージを描けず、何をどうしたらいいのかわからない、というのが現実だったと思います。

けれど、それはクリアできること。「一緒にいるんだ」という受けいれる気持ちと「一緒にいるための方法」があれば、なんでも可能になると思っています。実際、親は、障がいをもつわが子と、いろんな方法を編みだしながら生活をしているのです。学校も江里と「生活の場」としてたくさんの経験を互いに積み重ねています。それを応用しながら、それでも初めてのことには、みんなで知恵を絞る。一つひとつ、林間学校のイメージがみんなのなかで共有されていきました。

●みんなと同じ体験をさせたい

普通学校の先生方は、学校教育法のもと、「健常児」といわれる子どもたちだけを相手に学校運営をしてきました。ですから、とっても「異質な子ども」と感じる「障がい児」を含めての運営は、学校にとってとても未知の世界で、手探りでおこなっていることがよく理解できました。でも、学校も先生方も、親である私たちも、初めてのことを「子どもを中心においてクリアしていこう」という前提に立つことができれば、おたがいの負担は少なくてすむのだと思います。

学校との話し合いのなかで、親の私には否定的な発言に聞こえることもありました。たとえば、「江里ちゃんに山登りは無理なんじゃないか」「鍾乳洞には入れない。別のプログラムを考えるのはどうか？」など。けれども、その一つひとつにどんな気持ちが含まれているのかに注目して聞いていくと、障がいのある人とともに学ぶ経験の少なさ、責任感や管理体制、不安感が先生方のなかにあってそれらの発言になっていることがわかりました。

それならば、先生方が尻込みしてしまったり、無理だと思うことを超える具体的な提案をすればよいのだと思いました。なぜなら、どの先生も責任の重さや不安はあっても、江里を林間学校には連れていきたくない、とは思っていないと信じられたからです（そうは言っても、まるで脅し文句のように「それは、江里に林間学校に行くなってことですか⁉」くらいのことはきっと言ったかもしれませんが……）。

「ランディーズというエアタイヤの山登りができる車椅子があって、山登りにはそれを持っていってもらえれば参加できます。山登りはだれだって疲れるし、どの子どももがんばる体験をするのですから、江里だけラクちんでなく、みんなと一緒に大変なことをがんばってほしい」

「鍾乳洞は一歩も入れないのでしょうか？　奥のほうの狭い部分は無理でも、鍾乳洞の雰囲気がわかる入り口のあたりまでは行けませんか？」

などと具体的に話をすることはもちろんですが、話し合いをする目的は、なにより先生方に「江里もクラスのお友だちと一緒に同じ体験をすることがあたりまえ」と理解してもらうことでした。江里は特別な存在じゃない、けれども必要な配慮はしてほしいことを。

●超過保護な親と先生たちの不安

くり返される話し合いの半ばに、心配でたまらないパパは突然、「先生方は林間学校の下見に行かれるんですよね？　ぼくも一緒に連れていってもらえませんか？　もちろん、旅費は自分で出しますから」。これには唖然としました。旅行行程を早めに知らせてもらい、先生方とは別に、一度現地を見ておこうとは話していましたが、「先生と一緒に……」とは。

さらに驚いたのは、先生方の反応でした。先生たちは一様にほっとしたような表情を浮かべ、「来てください！」と言ったのです。

こうして同行させてもらった下見を終えると、少し不安がとり除かれたこともあり、具体的な話がどんどん進みました。

「お父さん、あそこの道は車椅子、どうでした？」

「お父さん、そんなに心配しないでも、ちゃんと食事のことは旅館に頼みましたよ」

「クラスの子どもたちにも負担だけを負わせるのはいやです。けど、クラスの仲間として江里や自分たちはどうしたらいいかを考える機会にはしてほしい」

この林間学校を通して、障がいのある人について教えていってもらいたいことなども織り交ぜながら、話し合いは続きます。

具体的な準備は、担任と介助の先生とで進められていきました。旅行中の支援内容やタイムスケジュールは、ほんとうにこと細かに緻密な計画が立てられ、例年より多くの職員を配置して、江里たち五年生は林間学校に出発しました。

●江里たちを追っかけて

朝、五時半。江里は、みんなとバスに乗り込み、少し興奮してとてもうれしそうな表情。バスのなかで江里が食べるお弁当を用意し、パパと見送りにいきました。こちらの心配をよそに、見送りの私たちをちらりと見ることもなく、寂しそうなようすなどまったく見せずに、江里は出発していきました。

「お父さんかお母さん、一緒に林間学校に付き添うことは考えていませんよね？」

答えはわかっている、けれどもそうしてほしい、というふうに校長先生に聞かれたことが、打ち合わせのなかで数回ありました。「せめて、近くにいてもらえるとか……」。それに対しては、

「林間学校にどうして親がついていくんでしょうか？　お手伝いでほかの親も行くのならその役割で自分が行くことはいいと思いますが、江里が障がい児だからという理由では行きません。それは、ずっと幼稚園のころから決めてきたことです」

ときっぱりと答えてきました。ほんとうは、頼まれなくたって行きたい気持ちを隠しながら……。

日常接していて、私たち親子のことをよく知っている介助の先生からも、「お母さんは絶対に江里ちゃんを一人で出せないと思いますよ。一緒に来るんでしょ？」と言われていました。

江里は自分の状況を言葉で伝えられません。つらかったり、苦しかったりしたときに、気がつくのが遅かったらかわいそう。もし、病気や事故で病院にかからなければいけないときに、医師がビビッて診てくれなくて死んじゃったらどうしよう。死ななくても、熱が出て苦しいのに茨城まで迎えにいくまでの長い時間、心細いだろう……などなど。いままでの体験から、医療にかかるときでさえ、障がいがあることで私たち親の交渉力が必要だったことを思い出しました（救急の病院での点滴ひとつでも、交渉しなければやってもらえなかった経験もありましたから）。江里のつらさをだれが回避してくれるのか、守ってくれるのかと、どんどん心配になっていきました。

はじめから、パパと私には、林間学校に一人で出すという選択肢はなかったのだと思います。出発する前日、いつものように江里を学校に迎えにいき、介助の先生にだけ伝えました。

「じつは、江里のあとを追っかけて茨城に行くんです。江里がいる近くのホテルに待機しています。何かあったらすぐに連絡をください。でも、ほかの先生方には内緒にしておいてほしいんです。もちろん、江里には絶対にわからないようにお願いします」

江里のバスを見送り、大急ぎで自分たちの車にとび乗り、江里たちを追いかけました。でも、林間学校の行程にストーカーのようについていったのではなく、宿でまさに〝待機〟をしていました。その三日間の長かったこと。江里たちの旅行行程表と携帯電話二台を机の上に置き、「いま、何時？」「いまごろ江里は何してる時間かなぁ？」と、話すことも考えることも江里のことだけ。いつもの忙しいあっという間に終わる同じ一日とは思えない、長い長い、気の休まらない三日間でした。

●江里の成長

そして、お迎えの日。

たまに私たちが留守にすると怒ったように顔を背けたり、半べそをかいたりするあのかわいい顔。その顔を先に見たいと、パパと二人で競いあうように解散場所の校門に向かいました。「心配だったけど、無事に帰ってきてくれたんだぁ。江里も寂しかったでしょ？」と言おうと思っていたのです。

ところが、私たちの思いとは裏腹に、江里は、ケロッとして、日に焼けた顔にとてもおとなびた表情を浮かべて帰ってきました。そんな江里とは対照的に、先生方はみんな疲れきった表情をして。

翌日は、代休。江里と二人で家でゆっくりしていると、江里の様子がおかしいのに気がつきました。いままでに見たこともないような顔をして、ずっと考えているようでした。二泊三日、初めて家族以外の人と過ごした強烈な林間学校での体験を整理していたのでしょう。夕方まで考え込んで、やっと整理がついたようです。

このあと、修学旅行、中学の林間学校など、学校での旅行はもちろんすべて行きましたが、このときに整理したことで、彼女のなかには家族旅行以外の旅行がインプットされたのか、その後はこんなに考え込むことはありませんでした。〝普通〟の年齢の子どもたちと同じように、学校の旅行を計画しているときは予測を立てわくわくし、旅行をみんなで楽しみ、帰ってきてからは、うれしそうに話をするようになりました。

どんな障がいがあっても、体験や経験が人を成長させるのだと思えた瞬間でした。親や介助者の都合でそれらをけっして奪ってはいけないと思えた瞬間でもありました。

●江里の人生、私の人生

私たちが生きたいのは、〝普通〟のあたりまえの人生。「障がいを理由にはじめから制限された旅行」ではなく、〝普通〟の小学校五年生の林間学校に参加することでした。障がいのある江里を含めたクラス三十八人の子どもたちの林間学校に行く、そのためにはどんな支援が必要かと考えてほしいのです。

「江里ができる旅行をしよう」と言ったら、介助する側が考え込んでしまうことになりがちです。「大変だろう」とか、「車椅子で山は登れないだろう」「鍾乳洞は抱っこひもを使わないと入れないよね」などと思ううちに、ほんとうは介助する側の大変さなのに、「江里が見ても楽しくないかもね」とか「江里ちゃんにはわからないんじゃない」などと江里のせいにして、便利さとか合理性みたいなところの帰着点を出してしまいがちです。

楽しめないだろうとか、わからないだろうなんてところに立てば、江里には最初から、山に登る選択肢も、鍾乳洞に入る選択肢もありません。けれど、〝普通〟の小学校だからこそ、〝普通〟の子どもたちに用意されている体験や学習を前提に、「障がいのある江里もどうしたらできるか」が考えられ、結果、彼女自身の成長につなげることができました。人生の豊かさもまったく違ったものになるでしょう。江里と一緒に旅行したクラスの友だちは、きっと最初から「できない」「わからない」とは思わず、「やってみればいいんじゃない？」「こうやったらできるよ」と考えてくれるおとなになってくれるのでは、と思います。

そして、これを機会に、私たち親子はとても変わりました。私は、それまでの、いつもいつも心配で、自分でなければ江里のことはダメなんだと思っている超過保護ママから脱却しました。

介助の先生をはじめ引率の先生方は、「みんな自分のクラスの子です」「自分の学校の子です」と、引きうけたかぎりは全力で、みんなと同じことを最大限させようとしてくれました。山登りでは、山登り用の車椅子を友だちがかわるがわる押したり引っぱったり。鍾乳洞には、先生が抱っこひもで連れていってくれました。「江里ちゃんにも、この鍾乳洞の神秘を見せてあげたいと思ったので」と。入学当初は、私が障がい児の親となったときと同じようなとまどいや恐怖を感じて尻込みしていた先生方が、気がつけば、親の私でも気がひけてしまうことをやってのけてくれました。

「大変だからやらない」ではなく、「ここまでやるか」というくらいにやってくれる。そうか、こうして私がいなくても、まわりの人たちはなんとか「いま、目のまえにいる江里と過ごしていこう！」と思ってくれるんだ。

重い障がいをもつ江里と二泊三日。最初は緊張や不安を抱いていた先生方も、一緒に行こうという気持ちをもち、方法論が見つかれば、見捨てないどころか、ここまで支えてくれるんだ、という体験でした。

そして、お迎えにいったときのおとなびた江里の表情や、その後の楽しそうなようすから、江里には江里の世界があり、友だちや先生の力を借りながら確実に成長しているのだと思いました。親と離れる寂しい気持ちや不安よりも、未知の世界に向かっていくことをあんなにたやすく受けいれられる。江里の自立していく気持ちが伝わってきました。

まだまだ、江里も私も、自立と子離れは先のことかもしれませんが、障がいがあっても江里には江里の人生が、私には私の人生があり、別の人格なのだということを思い知った大きな節目になりました。

私たち親子の思いをくんで、また、江里の教育を担って、二十四時間以上の生活を受けもってくれた先生たちがいたことと、江里の成長をみて、このころからぼんやりと〈とも〉が見えてきたのだと思います。障がいがあっても支援をしてくれる人がいれば、「ともに生きる」ことができる、私たちが望むような生き方ができるんじゃないかな、と。

4 父の看取り

●癌も「障がい」も、その人の一部

私は、両親を二人とも癌で亡くしています。母は、一九八九年、江里が私のおなかにいて妊娠五か月のとき。父はその十年後に。

母は、骨折で入院中に、癌であることがわかりました。そのときに私が思ったのは、「とにかく病院でいい治療をしてもらおう」ということでした。

そのとき、母は、私のなかでは「母」であるよりも「病人」になってしまいました。癌の本を読みあさり、民間療法も含めできるかぎりの治療を求め、病院にも熱心に通いまし

た。もう、打つ手がないと知ったときに、ホスピスという考え方に触れたのもそのときでした。そのころの私には、家に帰って自宅で看取るという選択肢はありませんでした。とても不安で、自宅で看取ることなどは私にはできないと思っていました。外泊で帰宅することはありましたが、母は病院で亡くなりました。

それから、江里が生まれました。江里を育てているうちに、私は「障がい」も「病気」も、「その人の一部であり、その人の存在とは別のものである」と思うようになりました。父の癌の告知を受けたときは、母のときと同様の悲しみや絶望感でいっぱいになりましたが、違っていたのは、「病人」として見ることがなかったことです。「病人だから病院での生活だけ」と考えるのではなく、「死に方や病気の治療の仕方にも選択肢があるのでは？」と考えたのです。

結果、父は私の自宅で、私の腕のなかで、息を引きとりました。一年半という短い時間でしたが、癌の告知から最期まで、父とのやりとりも、〈とも〉の立ち上げや運営に大きく影響しています。

死ぬことは生きること、死にざまは生きざま、といわれますが、そのとおり。「どう死んでいきたいか」は、「最期までどう生きたいか」だと思います。そして、こう生きたいと思ったときに、それを支える支援があるかどうかは、だれにとっても共通の問題だと思います。

父が老いて病気になって死んでいくプロセスのなかで、私がしたことは、やろうと思えば、だれでもできることです。父が「自分の家で生活したい」と言っていたころは、できることは自分でやってもらいました。しんどそうなときには、私がご飯をつくって届けることでカバーしたり、たまにようすを見にいったり。病院と、本人に告知するかしないか打ち合わせをしたり、病状を聞いたり、交渉したりというサポートをして、たまには私の家にも来てもらったり、一緒に温泉に行ったりもしました。

状態が悪くなれば入院しました。放射線治療を受けたり薬のコントロールをしたりしている父の話をしっかり聞いてあげ、入院中の身の回りの世話をしたり。その後もぎりぎりまで、父が過ごしやすいようにサポートしました。絵を描きたい、友だちのところに行きたいというときなどは、外出に必要なサポートをしました。

一人暮らしはもう難しいとなったときには、わが家に来るか、病院に行くかを本人に決めてもらいました。酸素吸入器つきでわが家に来ることに決まり、病状が落ち着いているときには、好きなときに好きなものを食べて、痛みのコントロールをして、好きな音楽を聴いたり、絵を眺めたり、テレビを見たり、お風呂に入ったり。最後の十日間くらいは、夜の状態が不安なので、夫と私が交代で寝ないでようすを見ていましたが、安定しているときには私がベッタリいる必要はありませんでした。そのころはまだ介護保険制度はありませんでしたが、市のホームヘルパーを頼み、私も合間に仕事に戻ろうかなと思っていた矢先、突然亡くなってしまいました。利用したのは、訪問看護と在宅医療と保健師さんの訪問でした。

●「おれは〝がんもどき〟じゃない」

そうやって父の最後の時期につきあっていくうちに、江里の介助や介護で私が感じてきた疑問や、「これって〝普通〟じゃないよね」って思うことと重なることが多くあることに気がつきました。

たとえば、お盆の時期、痛みのコントロールのために入院したときのこと。そこは、半ホスピスのようなところで、「その人に合わせた支援をします」と謳っている病院でした。たしかに、サンドイッチが出てきて「食べられない」と言うと、「じゃあ、何が食べたいですか？」と聞いてくれる。「そうめん」と言えばそうめんを出してくれるのですが、その後もずっとそうめんになってしまったり……。

あるとき病院に行くと、「まいったよ」と父が言います。

「お風呂に入ったんだけれど、あれじゃあ、〝がんもどき〟だよ。おれは、〝がんもどき〟じゃないんだからさぁ」

父は大腿骨に癌が転移しており、痛みもあり、歩行には杖か車椅子が必要でした。それで、入浴の際に車椅子でガーッと連れていかれ、リフトに乗せられて、ドボンと浴槽に入れられた……。とても怖かったのだそうです。

〝がんもどき〟というのは、お豆腐屋さんで網に入れて油で揚げられる、あれです。「もう、絶対ここではお風呂には入らない。あれだったら、どんなに時間がかかっても自分で入るよ」と。それを笑いながら、愚痴だけどけっこう明るくユーモアを交えて話すのを聞いて、そういう感性ってすごく大事だなと思いました。「えっ」と思っているうちに、ドボンと入れられてびっくりした。

「普通は、これでお湯はいいかどうか触ってくださいとか、ちょっとかけてみましょうかとか言うけれど、そういうのは聞かれなかったの？」

「なかった」

●高齢者も障がい者も病人も、支える支援は一緒の問題

こうして病気になったり高齢になったりすれば、介護する側が問われてくる問題は、障がいにかかわることと共通するのだと思いました。

隣のベッドの寝たきりで認知症の方は、若い男性のヘルパーに赤ちゃん言葉を使われ、少し乱暴に介助されていました。ご本人はどう感じていると思っているんだろう？　ご家族はこのような状態を知っているのだろうか？

その病院の院長は在宅ケアの志をもって運営され、その人に合わせて患者を診ますと

言っていました。だから、そうめんも出てくるし、入浴も希望があればさせてもらえる……。現実とのギャップを埋める難しさはそのころにはまだはっきりはわかりませんでしたが、少なくとも、高齢者も障がい者も病人も、共通することは一緒の問題としていくほうが合理的だし、みんなで考えてもらえるのではないかと、父の看取りをとおして実感しました。

父は絵を描く人だったので、癌が転移した足が痛いと言いながらも最期までずっと絵を描いていました。友人たちへの絵を描き終え、一人ひとりに送りました。食事ものどを通らなくなっていましたが、亡くなる前日には、初物のサンマを用意すると「うまいね」と言って食べてくれました。まさかつぎの日に死んでしまうなんて考えられないくらい元気そうに。そういう死に方を、選べるなら選びたいと思いました。仕組みがあって支援が整えば、だれでも選べる、と伝えたいと思いました。

唯一、嫁いだ娘の家に世話になるという選択肢は、なにより選びにくいものだったようです。父が私の家に来ると決めたとき、私から「うちに来ない？　これ以上もう難しいよ」という話をすると、涙こそありませんでしたが、「おれは、子どもたちに迷惑をかけるつもりはなく、いままで生きてきた。だから自分は自分のことを、みんなはみんなのことを、ちゃんとやっていってくれたらいいと思っている。だから、面倒みてもらうのはほんとうにつらいし、不本意だ。だけれども、そう言ってくれるんだし、やっぱり無理だと思うからお願いします」と、頭を下げられてしまいました。これは娘としてもとてもつらい瞬間でした。

短い時間ではありましたが、この父と一緒に過ごしたことが、私のやりたいことを固めていったと思います。

その人その人の心にもっている相手に対する思いとか、その人のもっている生き方とか、大事な価値観とかをちゃんと受けとめ、尊重することができ、その尊重した結果の〝現実〟を提供することを、私はしたいんだ、と。父だからやりたいと思ったのかもしれない。江里だからやりたいのかもしれない。けれど、きっと他の人のことでもそうやって考えられる、そんな気がしていました。

5 子の自立と親の自立

●障がい児と学童保育

江里が小学校高学年になると、中学生になってからの生活が気がかりになってきました。小学生のあいだは、放課後、障がい児は六年生まで学童保育に行くことができました。〈浦安共に歩む会〉では、母子家庭になった親子がおり、障がいをもつ子どもが学童保育に入れるように行政と交渉し、受けいれが決まったことがあります。さらに、学童保育は対象が小学校三年生までですが、障がいをもつ子は四年生になったからといって一人で留守番できるわけもなく、受けいれ年齢の延長をお願いしました。さらに、その子が中学生になったとき、親子の現状を行政に伝え、何度も話し合って理解してもらい、同じ学童保育にそのまま通えることになりました。

だれかが、困っていることやこうしたいということをまず声に出してみる。それを市民や行政や政治などが、それは必要だと感じて動いたとき、制度や仕組みはつくられていき、結果、暮らしやすい街に変わっていくのだと思います。たった一人の問題と思われていたことが、普遍的なみんなのものになっていくのです。この考え方は、確実に現在の〈ともも〉のあり方につながっています。

このあと、いままでは、私を含めたくさんの障がい児の働くママたちが、行政への何度も何度も大変な交渉をおこなうことなく、職員の加配などそれぞれの子どもに合わせた配慮などは話し合いながらも、当然のように学童保育に子どもを通わせながら働くことができています。

●障がい児にも年齢相応の環境は必要

江里も、小学校三年生から学童保育に通いました。重い障がいのある江里を受けいれてもらうまでにはいろいろありましたが、ここでも、障がいのない子どものパパをはじめ保護者会の人たちや指導員の先生が助けてくれました。

リハビリなどがあるので毎日通うことはありませんでしたが、なにもない日は学童の友だちや先生と過ごし、楽しそうでした。

けれども、学童保育の友だちは三年生で退所していきます。そのときはとり残されたような寂しい気持ちだったに違いありません。小さい子どもが好きな江里は、しばらくすると新一年生に興味を示し、お姉さん気分で一緒に過ごしていたようですが、それでも、私の良心はとがめていました。自分が働くからということで、江里から年齢相応の生活を奪っている、と。高学年になっても幸い(?)リハビリや通院は週に数日あったので、自分のなかの罪滅ぼしのように、その日はクラスメイトと遊ぶことを大切にしていました。

江里の中学入学が近づいてきたとき、私は迷いました。学童保育にくる小学校三年生までの小さな子どもたちに混じって、中学生の江里がどう過ごすのか。中学生になった気持ちの切り替えや自覚の問題もあり、障がいをもつ子どもにとっても、学童保育が通い先として適切かどうかは、疑問が残りました。

江里のような障がいがあると、言葉で「私は行きたくない」と表現できないし、行動でも意思表示を明確に押しきる力が弱いので、無視されやすい状態です。それをいいことに、かかわる私たちは自分たちの都合でふりまわしがちです。だからこそ、つねに、自分と江里の関係を見直し、江里の気持ちや状況を無視していないかチェックするようにしています(それでもなかなか……ですが)。

障がいのある人は、いつまでも子ども扱いされる傾向があります。知的障がいや言語をもたない人、言語不明瞭な人など、自分たちと同じ言葉によるコミュニケーション方法をとらない人たちについては、「わからない人」と決めつけてしまったりします。たしかに、知的障がいや発達障がいをもっていると、ゆっくり成長しているぶん、幼いことに興味があったりする場合もあるでしょう。けれども、おとな側が思い込んでしまって、年齢相応の環境をはじめから用意していないと、いつまでも興味が広がらない状態を招くということもあるのではないでしょうか。とくに、社会性は、知的な障がいの度合いにあまり左右されることなく発達していくのではないかと、江里を育ててきて感じます。「わからない」と思っているのは私たちです。その「わからない度」も明確に言えるわけもなく、それでも、「わからない」と決めつけていることは恐ろしいことに感じます。「わからない」「できない」とまわりが決めて環境を用意しなければ、その子どもたちはずっと、わかる可能性もできる可能性もないのですから、わかるようにもできるようにもなりません。

障がいをもつ子どもたちにも年齢相応の環境が用意される必要がある。仮に、本人はわからなくても、できなくても、やってみたいこともあれば、「自分だって中学生になったのだ」と思っているし、そう思ってもらえるような支援も必要かもしれません。もし、理解する力が弱かったりゆっくりだったりするのなら、だからこそ、わかりやすく、年齢相応の暮らしを伝えてあげたいと思います。だれだって、ずっと子どものままの服、言葉かけ、本、生活時間、学習、遊び、扱われ方などの暮らしぶりではいやになってしまいます。

●中学生の放課後を考える

そのようなわけで、親の「働く」という都合のために、中学生になっても小学生の通う学童保育に障がい児だけは通わせてほしい、とお願いすることは、自分のなかで折り合いがつきませんでした。けれども、一人で留守番ができない子どもがいれば、働きにいくことができません。もちろん、働く収入以上の費用負担をすれば、そして支援サービスを提供してくれる人や事業所がありさえすれば個別の支援を受けることも不可能ではありませんが、収入より多い支出をして、働く決心はつきにくい。

中学生になる子どもたちの気持ちって、どんなだろう。私は、いままでどおりのやり方で、江里の身近な友だちのようすを見たり、話して教えてもらったりして、少しでも理解しようと努めました。

「放課後はどんなふうに過ごしたい？」

——部活をしたり、まっすぐ家に帰って音楽を聴いたり、友だちにメールしたり、遊んだり、みんなそれぞれ自分のやりたいことをしたい。学校が終わってまで学童保育のような一か所に集められた空間にいたくない。集まるのなら、自分の意思で気の合う友だち、もしくはサークルのような同じ目的をもった人と集まる……。

どれもとても自然なことで、聞くまでもなく、自分を思い出せばそのとおりでした。

「今日は学校でがんばったから、ぼくはゆっくり家でごろごろテレビを見ていたい」

「私は、学校の宿題で用意するものがあるから買い物に行きたい」

「リハビリに行かなくては……」

「友だちに、学校の部活に入ろうって誘われてる……」

一人ひとりの子どものその子らしさが保障され、そのうえで、親も仕事ができる環境、支援がほしいと思いました。

●障がい児の母親が働くということ

障がい児をもつ母親が働くということには、賛否両論あります。障がい児の親でなくても、母親が働きに出ることには、好意的でない意見もありますが、そのうえに子どもが障がい児となればなおさらです。

「障がい児を産んだのだから、自分で面倒をみるべき。人に預けて働くなんて」

「子どもはお母さんがいちばんなのに。それも障がいのある子どもを放っておくなんてかわいそう」

「障がい児を放ってまでやりたい仕事って何?」

不思議というか当然というか、両親そろって働いているとき、働く母親は批判されますが働く父親は批判されません。障がい児の母親が働くことについての議論は、病気や障がいをもった人の介護や介助は、または子育ては、だれがするのか、ということと共通するテーマです。

実際のところ、対応の難しい障がいをもつ子どもを人に託すことの大変さは、想像を超えるものがあります。人に託すことにかかる手間やエネルギーを考えたら、自分でみるほうがはるかに省エネです。

それでも、子どもが年齢相応の環境にとびだしていくのと同じように、母親も自分らしく生きることを求めたい。それができないのは、「障がい児の親だから」というのが理由だとしたら、障がいのある家族をもたない人との違いを埋めるために、支援がほしいと思うのです。

第5章 〈パーソナル・アシスタンス とも〉の船出

マンションの一室で始まった〈とも〉

1 〈浦安共に歩む会〉の限界

●子どもの成長を追って

〈浦安共に歩む会〉での八年間にわたる活動によって、浦安市の教育や福祉は変わってきました。その大きな成果のひとつが「教育」です。「障がいをもつ子どもにも教育の選択を保障してほしい」という、会設立当初から活動し要望しつづけてきたことが、実ったのです！

二〇〇一年の浦安市の教育施策にノーマライゼーションの理念が盛り込まれ、障がい児の就学先は本人と保護者の希望を尊重することなどが謳われました。

現在、浦安市では、障がいをもっている子どもの普通学級入学への難関はなく、必要に応じて補助教員が配置されるようになっています。また、障がい児の在籍する学校にはエレベーターが設置されるなど、必要な支援が用意されるようになりました。

障がいがあることが理由で阻まれること、分けられること、選択肢がないことは、あってはいけないことです。

地域のお友だちと同じ小学校に通いたい……そこに「障がい」があるのなら、それをクリアするための支援を用意すればいいだけです。その子に障がいがあるからできないのではなく、障がいがあっても「どうしたらできるか？」と考えればいいのです。

　障がいのある子どもが行きたい学校に通えるようになったことは、「障がい」に着目したのではなく、そのままで一〇〇％の一人の子どもとして受けいれられたということだと思います。その方向性を市として打ちだした浦安市は、教育の問題という狭い意義ではなく、障がい児・者を排除せず、地域でともに暮らしている同じ価値のある市民として受けとめている、当然だけれど画期的なことだと思います。

　ある席で、この方針を打ちだした松崎秀樹市長はおっしゃいました。「せっかく義務教育でともに学ぶ環境を用意したのに、高校では壁が厚く、途切れてしまうことが残念だ。そして、高校に入学できたとしても、その先の就労先がなければ、地域からはまた分断されてしまう。このことを重く受けとめている」と。

「子どもの成長を追うように施策をつくっていけばいい」と大東市の山本和儀先生がおっしゃっていた意味が、最近になってよく理解できるようになりました。障がいのある子どもも、ない子どもも、望めば一緒に地域のなかで育ちあうことが保障される街。子どものころからともに生きることがあたりまえの環境で育ち、障がいのある友だちをもった子どもたちは、少なからず、おとなになって障がい者のことを遠い「他人ごと」には思わないでくれるのではないかと期待しています。

　そして、その延長線上に、そうやって地域で育つ障がいのある子どもたちがおとなになったとき、地域のなかで一人の市民として、ともに働き、暮らせるようになるはずです。ともに学ぶベースができ、気がつけば子どもたちは、義務教育も後半にさしかかり、これからの就労や自立の問題が見え隠れしていました。この街で生まれ、地域の子どもたちと一緒に学び、遊び、育ってきた障がいのある子どもたちは、ずっと、この街で過ごしていけるのだろうか？

私たちの街には障がいのある人の生活を支援する資源がありませんでした。これも同じように市に対して要望してきたことですが、実現されません。それならば、ニーズをもっている自分たちで資源をつくろう、と思いはじめたのです。

●「だれでも使える仕組み」をだれがつくるか

東松山市の生活支援センター〈ひき〉の見学をする以前から、私たちはレスパイト施設をつくってほしいという要望を浦安市に出していました。でも、〈ひき〉と出合ってから、私たちがほしいのはたんなるレスパイト施設ではなかったことに気づきました。もっと広い意味での生活支援であり、本人支援なのだということです。それがあれば、私たち親も元気でいることができます。私たちは、新しい要望書を提出しました。

その要望を受けて、一時は、行政のなかに、プレハブでもいいからやってみようかという動きが出たときもありました。けれど、結局、話はたち消えてしまいました。たんなるレスパイト施設は「障がい児を育てて疲れているかわいそうな親のために」ということで、ある意味わかりやすかったのかもしれません。生活支援とか本人支援ということや、一か所で預かるだけでなく、利用者の希望するところで支援してほしいというような、バラけた、目に見えにくい支援サービスは、私たち自身も最初はイメージできなかったように、行政に理解してもらうのは難しいのかなぁ、思いました。

〈ひき〉に出合ってから約一年後の一九九八年、それならば〈ひき〉の所長の曽根直樹さんに来てもらって、〈ひき〉の取り組みを浦安で紹介してもらおうと、〈浦安共に歩む会〉では勉強会を主催しました。そこには、当事者、保護者、市民、行政の職員、いろいろな障がい者団体や親の会の人が参加してくれました。アンケートの評価もとても高く、こういう支援サービスがあるべきだという意見がたくさん寄せられました。

その日、曽根さんの話のなかで私がいちばん「おっ」と思ったのは、「たった五%の障害者だけしか利用できない福祉サービスを、『みんなに担え』と言っても、やはりリアリティーはなくて、コンセンサスを得づらいのではないかと思います。だから、もっと違う支援サービス、だれでも使えるような仕組みができていったらいいんじゃないかと最近思っています」という話でした。私は、その説明がとても心に響きました。一生懸命その説明をホワイトボードに書きながら、心をこめて話されているのが伝わり、ぐわーっと迫ってきて、「うん。そうだよ」と思ったのです。

私はずっと、障がいをもつ子どもたちのことも「他人ごと」だと思わないでほしい、自分のことに引きつけて考えてみてほしいと思ってきました。そのためにはどうしたらいいんだろうと、その方法をずっと探しつづけてきました。私なりのやり方は、会報を発行することだったり、みんなと一緒に学校に行くことだったり、お母さんたちと仲良くすることだったり、ことあるごとに情報を公開していくことだったり、いろいろな行事に参加することだったり……。

そうか、知らせていくことと並行して、支援サービスという現場をとおして仕組みをつくっていく、みんなの合意を得るための手段としては、それはすごくいい方法かも。

でも、じゃあ、どういうことをすればいいのかは、そのときにはわかりませんでした。わからなかったけれど、いままで〈ひき〉が浦安にあればいいと思っていたことから、これまでとは違う何かが私のなかに生まれました。

この勉強会終了後、パパも含めた会のメンバーは、曽根さんにお願いをしました。

「浦安に来て、〈ひき〉のようなものをつくってくれませんか?」

「これだけ、みなさんパワーがあるのだから、自分たちでやったらいいじゃないですか」

「いえ、私たちは絶対に自分たちではやりません! 行政にやってもらいます! 私たちは利用者として意見を言っていきたいのです」

きっぱりと言いました。自分たちでやるなんて発想は、まったくもっていませんでした。私たちは何度も浦安市に〈ひき〉のような事業をしてほしいと要望し、曽根さんのような人があらわれることを願っていました。

●〈浦安共に歩む会〉の限界

〈浦安共に歩む会〉は「障がいがあっても、子どもたちが地域のなかで幸せに豊かに暮らしていけること」を実現するためにつくられ、行政に提案することを大きな柱としていました。ですから、はじめから、このような会がなくても一人ひとりが地域のなかで豊かに暮らしていければいい、むしろ会の活動などなくなることが理想だ、としてきました。なんの提案をしなくてもあたりまえに暮らすことができれば、こんなにいいことはありません。会の活動の活発さと自分たちの暮らしのしんどさは比例しているようでもありました。

会の活動には、親同士のつながりや心のケア、情報の共有、勉強など、要望・提案以外にも、私たちにとって大切な要素がたくさんありました。

でも、子どもがやがて自立していくうえで、〈ひき〉でおこなっているような支援サービスや事業が必要だと訴えても、行政はなかなか理解してくれない、担ってくれる事業所も出てこない……。会の活動だけではかなり行きづまっていた時期でもありました。

一方、支援サービスが不十分でも、子どもたちはまだ小さく、さし迫ったニーズを抱えている会員は、あまり多くありませんでした。希望どおりに学校に入学することができ、必要なら介助などがつく。子どもが学校に行っている時間、お母さんはそこそこ自分の時間をもてるようになっていました。日中は、介助や介護を含めて教育は学校が担ってくれている。その時間を利用して仕事にだって行ける。子どもは友だちに囲まれて幸せな時間を過ごしている。小学校を卒業しても、まだ先には中学校という義務教育期間が続いている。「成人」にはまだ思いが至らない。やっと親も少しはノーマルないい時期を享受できる、ほっとしている時期でした。

そんな時期に、何か先の問題を見つけて社会のあり方を問うていくような活動に求心力がなくなるのは、当然といえば当然だったのかもしれません。オムツの枚数が足りないとか、学校に入れないんじゃないかとか、ホームヘルパーが来てくれないとか、そういう自分の生活に直結した困難がある時期はすごくみんな団結するのだけれど……。

〈浦安共に歩む会〉での要望はたくさんの成果をあげ、子どもの療育や教育もそこそこそろいました。なによりも、会の大きな活動であり、なかなか解決されなかった障がい児の教育問題が解決されました。障がい児教育のスタンダード・ルールができたことは、〈浦安共に歩む会〉のメンバーに大きな安心感を与えました。普通学級に通う障がい児たちも「特例」や「本来いるべきではない子ども」から、やっと、ほかの子どもたちと同じように堂々と学校児童・生徒として「いるべき子」になったのですから。その精神的なありようの違いは大きく、やっと私たちは居場所があると感じながら市民生活を送れる、そんな気持ちになりました。

成人期に片足を突っ込んでいる子どもが会員家族に多ければ、卒業後の生活に向けての動きを中心に、会の活動に新たな活力が見出せたのかもしれません。現実には大きなニーズがあるにもかかわらず、そのころは、目先のことが解決され、先の課題やテーマは大きすぎて、また、矢面に立つ「ひとり」の存在が見えなくて、会の空気は以前と変わったものになっていました。

また、自分の子どものことで困っていることがあり、「たった一人のことでもみんなで取り組もう」と始めたころと違い、〈浦安共に歩む会〉に籍をおいておけば何かあったときには会が助けてくれる、問題解決してくれる、そんな「保険」に入っているような空気もありました。私にはそう感じられていました。

2 NPO法人を立ち上げる

●自分たちでやるっきゃない!

〈ひき〉の曽根さんが勉強会に来てくださったとき、「私たちは絶対に事業者にはなりません。利用者として意見を言っていきたいので」ときっぱり言ったのに、やることにしたのは、「やるっきゃない」という追いつめられた状態と、自分たちのもつパワーを有効に使いたいことが一致してしまったからかもしれません。

「やるっきゃない」という言葉の背景には、もう待っていてもできないという感覚があります。行政に対して、要望のしかたをいろいろ変えて言っても言っても、「できない」ということの結論を、えんえんあと十年延ばせるかといったら、延ばせませんでした。

〈浦安共に歩む会〉のこどもの未来委員会などで、これからは福祉の制度が大きく変革していくであろうことを私たちは学んできました。介護保険制度もできて、介護の社会化などといわれ、福祉サービスも民間が担うようになりました。障害福祉も行政だけが事業をおこなっていく時代ではない。どうやら支援費制度といって、「措置」から「契約」に変わるらしい……。手を変え品を変え行政に「やって」「やって」とお願いしている私たちのエネルギーを、目の前に届けられる「支援」におきかえられないかなぁ。いくら予算がついて制度ができても、その事業を担う、つまり支援サービスを提供する事業所がなくては。介護保険のときのように事業所がなければ、浦安市がまた直営で事業所をつくるのかも。そうしたら、やっぱり二十四時間続く生活支援、私たちが望むような支援サービスを提供する事業所ができる可能性はかなり低いな、と思いました。

それだったら、自分たちが、自分たちの望む内容と、望む支援サービスを提供できる事業所をつくることがいいのかもしれない。私たち自身がソフトの部分をもつことは、行政がつくってしまった支援サービスに文句をつけるよりよほど建設的で省エネなのではないだろうか。

私たちの求める支援サービスの実際を見せていく、仕組みをつくっていく、実践していくということが、社会へのアプローチであり、社会に伝えていく手段になるのではないか、と思いました。

会の活動だけでの行きづまりの時期とまったく一致して、〝そのとき〟はやってきたのだと思います。

●怖いもの知らずの勢い

あのころは、江里は小学校六年生。楽しく学校生活を送っていました。中学もこのまま地域の学校に行くことが決まり、就学の悩みも小学校入学時とは比べものにならないくらいでした。この間に、自分たちができること、エネルギーを注ぐべき方法を模索していました。自分たちが担い手側になろう、そう決めてからは、まっすぐに進むだけでした。

若かったし元気だったし、怖いもの知らずで、無邪気に「社会を変える」なんていうことも平気で言ってしまえるような時期でした。何が大変なことかもわからず、「やりたいことだけをやるんだ」という一心だったから、できた。すべてを完璧に準備して、すべての知識をもって、などと考えていたらできなかったと思います。

でも、教育問題でそうであったように、自分たちの信じる価値観を粘りづよく、いろいろな角度からたくさんの方法を使って伝えていき、変えていけばいいのではないか。そうすれば福祉事業やこれからの未来に必要なものはつくっていけるのではないか。そのイメージだけはゆるぎなく、確信のようにありました。

●NPOにしよう！

一九九九年に父を看取ってから、「やっぱり福祉の仕事をしよう」と決め、私はヘルパーの講座に通っていました。江里のパパに相談。介護保険の事業所は「いまある会社を使ってやったら」と言ってくれました。定款を変更し、事務所も新しく借りてくれました。

準備を進めている途中、なにかの席でパパが、当時の浦安市の山本尚子助役に「こんなことをママがやりたいと言っているんですが」と言うと、すかさず返ってきた答えが「有限なんてやめて、NPOにしたら？」でした。元保健福祉部での課長経験のある井手信子さんにも同じように、「西田さんがやるのなら、高齢者もいいけど、障がい福祉の事業を有限ではなく、NPOでやったらいい」と言われました。

当時、浦安市には、市直営の福祉作業所がひとつあるだけで、支援費制度の始まるまえのことです。

とくに山本助役は、「障がいがあっても、人の価値は変わらない」と、人権をベースに考える方でした。市民活動の大切さを熟知し、〈浦安共に歩む会〉のあり方をよしとしてくれた方で、市民がみずから必要な事業をつくりだしていくというかたちをすすめてくださいました。NPOが注目されはじめたころです。

さっそくNPOについて調べてみると、「なんだ、私がやりたいと思うことはこっちで、有限会社の介護保険事業ではない」とすぐに思いました。もともと、営利目的で福祉事業をおこなうつもりはないのだし、私と同じような願いをもつ仲間たちと、自分たちが必要だと思う事業をつくっていきたいのですから。

すぐにイメージがわいてきました。まず、〈ひき〉のようなもので、みんなが賛同してくれるようなものと「療育」をやろう、と。

〈ひき〉の曽根さんに会いにいき、相談をしました。一方では、主たる相棒になってもらうため、〈浦安共に歩む会〉の出発点になった長年の戦友であり、私と同じ〝共に生きる〟派かつ教育ママの竹谷さんと、同じく〈浦安共に歩む会〉の広報メンバーの一人で、事務的なことをテキパキこなす杉田さんに声をかけました。

「子どもたちと私たちの未来のために、NPOを一緒にやってくれない?」

竹谷さんには、療育を担当してほしいことを加えてお願いをしました。杉田さんの答えはいまも昔も同じ「やるしかないですね」でした。

みんなに声をかける準備と、NPOを立ち上げる準備を始めました。

それから三か月後の二〇〇一年五月、NPO法人〈パーソナル・アシスタンス とも〉が誕生しました。

●〈浦安共に歩む会〉の発展的解散

〈浦安共に歩む会〉は〈とも〉になったといわれますが、正確には違います。

私は、〈浦安共に歩む会〉は残してほしい、解散したくないと考えていました。みんなにも投げかけ、私は事務局から降りるけれど続けてほしいことをお願いしました。

会をなくすことに賛成な人はいませんでしたが、事務局を担うという人はあらわれず、議論の結果、会は解散しました。

いまでも、〈浦安共に歩む会〉が解散になってしまったことは残念に思っています。〈浦安共に歩む会〉は市民活動として純粋に残り、NPOは必要な福祉事業をおこなう事業体として別個に存在できることが私の理想でした。けれども、実際は、「自分たちの求める福祉的なニーズを提供する事業所」をめざしてNPOの中身を組み立てていくと、マインドは〈浦安共に歩む会〉のものであり、中心の役割は、それを一緒につくってきた〈浦安共に歩む会〉の活動をとおして互いの長所も短所も知り尽くした仲間とやりたい、と思っている自分がいました。

やりたい人がやるのがNPOです。〈浦安共に歩む会〉のときとは違い、「ほんとうにやりたいと思ってくれる人」という厳しい条件をつけ、一緒にやってくれる仲間を募りました。結果、〈浦安共に歩む会〉の中心を担っていたメンバー十二名(パパたちは含まず)が集まってくれました。

〈浦安共に歩む会〉は解散し、多くの人がNPO法人〈とも〉の会員となりました。〈浦安共に歩む会〉でおこなっていた当事者活動は、〈とも〉が引き継ぐかたちになりました。パパが当初よく言っていた「〈浦安共に歩む会〉とNPOはまったく違うんだぞ。いままでの『やってくれ』という立場から『自分でやります』っていう、まったく逆の立場になるんだからな」という言葉の意味もよく理解できないまま、NPOの事業は始まっていきました。

3 〈とも〉の船出

●当事者が事業者になるということ

江里を育てるなかで、いつも私にはいくつかの役割があって、それを使い分けながら生活をしてきました。プライベートな時間を過ごすときの自分。会社で仕事をしているときの自分。江里の介助をしながら江里の友だちと遊んでいるときの自分。〈浦安共に歩む会〉の事務局として活動しているときの自分。親として学校に働きかけているときの自分。

そして、「江里はどう感じるか？」と、江里のことを自分とは別の人格として見ることができているかを問いかけながらいる自分。そのときどきに、多角的に物事を見たり考えたりすることについては、ずいぶん訓練されてきたように思います。

その最たるものが、〈とも〉でした。

いつもいくつかの顔を同時に持ちあわせているため、自分自身がいまどっちの顔で考えているのか、話しているのかを注意深く切りわける必要がありました。それはかなり難易度の高いことでもありました。

たとえば、行政に対しては、当事者と事業者の顔。支援サービスの利用に関しては、利用者と事業者の顔。スタッフとの関係も、当事者と支援者同士としての顔。ママたちとの関係も、同じものをめざす仲間でありながらも、職場の上司・部下の関係や、経営者同士の関係と、複雑な多面的なものに変わっていきました。

そのほかにも、事業所でありながら運動体として、経営と理念を成り立たせることなど、複雑で理解されにくい現実がつぎつぎと待ちうけていました。

●総論賛成、各論反対――母親たちが事業者になるとき

最初の理事として集まってくれたのは〈浦安共に歩む会〉からのメンバーですから、当事者の親以外の方もいましたが、ほとんどは当事者の親でした。そして、日常的に活動で

きるのは〈浦安共に歩む会〉のときと同様、女性陣です。長く活動してきた仲間は気心も知れていますし、同じものを求めてなんでもやっていくという意気込みにあふれ、心から力強い存在でした。

そうはいっても、NPOが何かよくわからない、理事にはなったけれどどこまで何を担うのかもよくわからない、「経営」って言われても……、というのが実際の私たちでした。ただ、当事者ニーズや当事者の立場に立つことを見失わない覚悟はありました。

私はまず、〈ひき〉の曽根さんなどに相談しながら、「二十四時間三百六十五日の支援の仕組みをつくって、対象者を障がい者だけにかぎらずに支援サービスを提供する。利用料は、年会費にして、一時間千二百円のコースと二千円のコース。どんな時間に使ってもその料金は変わらない」という事業計画案をみんなに提出しました。

この案に対して、総論は「そういうの、いいね」とみんな賛成してくれるのですが、各論になると異口同音に反対になってしまいました。

「利用料が高すぎる。七百円がいい」というので、事業として成り立たせるシミュレーションを提出するなどしました。「事業所を成り立たせる目で見てほしい」と言うと、「できない」という意見が出されます。

「利用者としてはあってほしい支援サービスだけれど、事業をまわす側になって考えると、二十四時間三百六十五日なんて無理だ」

「最初はいちばんニーズのある時間帯、たとえば障がい児の放課後などから始めて、徐々に増やしていけばいいのでは」

支援対象に関しても、

「障がい児は大変だけど、健常の子は大変じゃないんだから、そこまで私たちが苦労してやらなくても……」

「障がい児だけでいいんじゃない？」

「高齢者には介護保険があるし、私たちにはまだノウハウがないからあとでいい」

などなど、ことごとく反対でした。

「どうしたらいいのかなぁ？　みんなが利用者として望むのは、利用料が安くて、二十四時間三百六十五日、いつでもなんでもやってくれて、マンツーマンの支援がいいんでしょう。それなら、それをやろうよ。自分たちが求めているものをつくるなら、がんばれるんじゃない？　私たちは、子どもたちと一緒に地域で過ごしてきて、障がいのない子どものお母さんの悩みや、高齢者の世帯の大変さも見てきた。障がい者だけが支援を必要としているんじゃないってことが理解できているじゃない？　ただ、ごめん。お金のことだけは、七百円では難しい。いまはなんの援助もないなかで、事務所と電話があるだけだから、利用料でまわすしかない。最初の資金はいいけれど、ＮＰＯでやっていく以上、個人が資金を永遠に出してやっていくつもりはないから、みんなで考えてもらいたい」

と、私は投げかけました。寄付を集めたり、フリーマーケットなどもやってもらいたいという話もしました。

「私たちがやってほしいことは最初からやっておきたい。事業の縮小だったらいくらでもできる。今期だけは一緒にこれでやってほしい。この十か月のあいだに実績をつくりながら、市とも話し合っていくから。どうかお願い。そこまではみんなで支えてほしい」と、時間をかけてていねいに話しました。

絆の強い仲間なので、こうした理念をさんざん語ると、みんな大賛成してくれて、一緒に夢を語ることができました。

総論大賛成、各論反対。いつもそこに戻って、話し合って、話し合って、「じゃあ、やりましょう」となる。最後は、「そうだね。究極の理想だよね」と。このときも、いまになっても、夢を一緒に見てくれる仲間の存在があっていまがあるのだと、つくづく思います。

とはいえ、そのころの私は、じつは不安でいっぱいでした。これまで江里パパが強いリーダーシップとキャラクターで〈浦安共に歩む会〉の代表を担ってきたけれど、今度のNPOの代表は私で、「みんな、ついてきてくれるだろうか」「行政もちゃんと対応してくれるだろうか」などと不安だらけでした。そのうえに、みんなの各論反対。ダメなのかな、仲間であるみんなにわかってもらえないんじゃや、一般の人にはよけいわかってもらえないかな……。

その状況から抜けだすことができたのは、〈浦安共に歩む会〉の育んできた多様性でした。障がい児の親でない立場でNPOに残ってくれた人たちがいて、たまたま、その人が高齢に近かったりすると、「障がい者だけが困っているわけじゃないのよ。高齢者のことも同じように考えてほしいわ」と言ってくれたり、「障がいのない子どもの育児だってけっこう大変だよ」と言ってくれる人がいたり。すると、だんだんほかのママたちも、「そうか、自分たちばかりということでもないのかな」となり、なんとかかたちができていったのでした。

●拾い物ともらい物と、賛助会費と寄付と、自分たちで稼いだ資金

事業の骨子もほぼ決まり、みんな新しい物事の始まりに新鮮な気持ちで参加していました。自分たちがほしいサービスを実現する夢にかけるような気持ち。それでなくてもいっぱいいっぱいの障がい児の子育てとNPOの活動とで、日常の大変さは想像を超えていましたが、スタートは一致団結。みんなで大変さを共有することは、ワクワク感があり、つらいなかでも楽しいことだったのかもしれません。

それを上まわるものとして、障がい児の親にいつもあるのは、「やるっきゃないでしょ」です。やらない選択をした場合には、子どもの将来はないし、自分も疲れる。就労先とか

いました。

住まいの問題などを解決していくために生活支援が必要だということは、みんなわかっていました。

〈浦安共に歩む会〉のメンバーと立ち上げなければ、いまはありませんでした。

いまでもよく笑い話をするのが、事務所をつくったときの絶妙さでした。机を運んだり、カーテンを買ってきたりは、みんな主婦感覚でささっと動いていきます。主たるメンバーの住む地域が異なっているので、足りないものは、それぞれが地域の粗大ゴミの日を見てまわる。おたがいに携帯電話で連絡をとりあって、「今日さ、けっこうきれいな棚が出ていたんだけど、どうする？」「えっ、どんなやつ？　何センチ？」「きれい？　汚い？じゃあちょっと見にいく」。使えそうなら、大きい車でみんな持ってくるという具合……。

その役をおもに担ったパパたちは、出勤途中に粗大ゴミをチェックするのが日常の習慣になり、見つけるとママに連絡。連係プレーで、つぎつぎと事務所はかたちになっていきました。最初に江里パパが用意してくれた事務所の机以外は、みんな粗大ゴミで拾うか、いただくかしたものです。買ったものはほとんどありませんでした。

こんなことは、なにか目的がなければ絶対に恥ずかしくてできません。それは、「自分たちでつくる事業所なんだ」という気持ちのあらわれだったと思います。電話まで「ビジネスフォンにしたいけど、お金ないね」と言って、だれかの家のいらなくなった親機・子機を使ったり。コップからお茶碗に至るまで寄付してもらうほどでした。

このように事務所がかたちになっても、事業運営の資金不足には苦労しました。資金を稼ぐためにどうするか知恵を絞り、できることを実行していくしかありませんでした。

毎週毎週、土曜と日曜には朝市をやりました。朝八時から十時くらいまで、地元の交通公園で、千葉の農家の新鮮な野菜と牛乳とアイスクリームを売って、会員のパパたちやボランティアの方々が収入をつくってくれました。また、市内の大きなイベントには全部参加して、フリーマーケットで物を売って。ほかにも市内外問わず、毎月のようにフリーマーケットを探して、資金を稼ぎにいきました。あのみんなの協力とエネルギーがなかったら、絶対に立ち上がらなかったし、継続できるまでに至らなかったと思います。

そのほかにも、広報活動や啓発活動として会報をつくったり、説明しに地域をまわったり、いろいろな人と会ったり、事業の勉強をしたり、計画を立てたりという、事業に直接かかわる大変さと、日常のいつもの子育てと、子どもの介助だったり介護だったりがあって、なおかつ事業をまわして、学校のことにも目が離せない……。みんな一人ひとりがものすごい負担を負いながら、〈とも〉はできていきました。

第6章

〈とも〉はいつも現在進行形

高齢者宅への派遣ケアのひとこま

当事者の立場から私たちが望む支援の仕組みをつくろうと立ち上げた〈パーソナル・アシスタンス とも〉は、障がいの種類、障がいの有無にかかわらず、二十四時間三百六十五日いつでも、支援が必要な状態の人にはだれにでも、一人ひとりの生活に合わせたマンツーマンの支援を提供することを基本にしました。そして、「タイムケア（現在のパーソナルケアサービス）」「療育」「相談支援」の三つの事業から始まりました。

1 自分たちが求める支援事業から始まった

支援を提供する「タイムケア」も「相談支援」も、最初は公的な制度によらない事業として始めました。つまり、〈とも〉と利用者の私的な契約によるものです。「タイムケア」の年間の登録料と一時間当たりの利用料を利用者が〈とも〉に支払うというかたちです。その収入だけでは経営はたちゆかなかったので、当時は、第5章の最後にも書いたように、寄付やフリーマーケットでの収入などでやりくりしていました。それでもこの支援は必要だと、私たちは考えていたのです。

●マンツーマンの支援が必要

自分自身の暮らしを考えると、まず「個」があります。だけど、障がい者だけがどうして別扱いされるのかといつも思っていました。私たちは、今日どんなふうに過ごそうかと考えて、自分で決めて行動します。朝ご飯を食べて、職場で仕事をして、帰りは友だちと映画を見て、というふうに。自分で決められないと思われている知的障がいがある人にも意思があり、選択は支援があればできます。食事も仕事も映画館に行くことも、支援があればできます。私たちと同じです。

障がいがあっても、やりたいこと、行きたいところはそれぞれ違ってあたりまえです。それなのに、障がいを理由に本人が選べない状況は、やっぱりおかしいと思います。そんな状況が続いていたら、きっとやりたいこともやりたいと思わなくなるでしょう。それ以前に、バラエティに富んだ経験がなければ、選ぶことすらできない状態を生みだすことになるのではないかと思います。そう考えると、障がいがある人たちって、もともとの障がいより、支援のあり方、大げさにいえば社会のあり方がつくりだしてきた〝障がい〟のほうが大きいような気さえしてきます。

たとえば、江里固有の必要性があれば、療育や機能訓練など障がい者を対象とした場所に通います。けれども、絵を描きたいとかダンスを習いたいとなったときには、障がい者だけ集まっているほうを選ぶ場合は別として、「近所だから」とか「この講師に習いたい」とか「フラダンスがいいから」とか、さまざまなことを考えて教室を選びます。ところが、参加する教室のさきざきでケアがついていることはまずありません。行政主催の陶芸教室や絵画教室、スポーツサークルとかでも同じです。行政がやっているのだから、行政側がだれでも受けいれられるように用意するべきという理屈も成り立つかもしれません。そうはいっても、介護や介助が難しい人の場合は、つねにそういう一人ひとりに合わせた専門性のある人をおいておくわけにもいかないでしょうから、その人のケアができる人が同行することによって、そこに参加できるわけです。

わざわざ障がい者だけが通える絵画教室をつくらなくても、介助者がいればその社会資源を共有できるし、いろいろな人とかかわれるし、障がいをもたない人も、障がい者がそうやって絵を描いているのを見ることで、また何かが生まれるかもしれない……。マンツーマンの支援は、その人のためだけでなく、豊かさを全体的に生みだしていくのではないかと思うのです。

江里が地域の幼稚園や学校で個別に介助教員がつくことで地域の子どもたちと一緒に育ってきたように、障がいがある人も地域でその人らしく生きるためには、マンツーマンの支援が必要、という実感がありました。

●一人ひとり違う生活

人には、それぞれの生活時間があります。仕事が違えば朝起きる時間も違うでしょうし、昼間寝ていて夜働いている人だっています。生活習慣の違いもあるでしょう。夜入浴する人もいれば、朝シャンする人もいます。障がいのある人も同じです。

そんな一人ひとりの生き方を大切にし、その人らしい生き方を支援するということは、それぞれに違う生活を支援することであり、支援の時間も方法もなんでもありということになります。その人の生活時間に合わせるためには、支援が二十四時間三百六十五日、いつでも使えなくてはならないのです。だいいち、支援サービスに合わせて生活をするということ自体がおかしいな、と思います。

デパートやレストランなどが提供するサービスとは違って、生きるための介助とか介護をおこなう支援サービスというのは、その人に合っていなかったら、その人の権利さえ脅かすことになるのではないでしょうか。

●制度と制度のすきまを埋める支援サービスが必要だった

でも、いまある介護保険も障害者自立支援法も、ほんとうに地域でのいきいきとした生活を継続するために十分な制度になっているかというと、地域差もありますが、かなり厳しいというのが現実です。私たちが〈とも〉を始めたころはまだ介護保険制度が始まったばかり（介護保険制度は二〇〇〇年四月にスタート）。障がい者の支援費制度もないときでした（支援費制度は二〇〇三年四月、障害者自立支援法は二〇〇六年四月に施行）。ヘルパー派遣など行政のおこなっていた福祉事業も、朝九時から夕方五時までという時間制約や、障がいの種類や状態による制約など、私たちが切実に必要と思っている支援にはなっていませんでした。制度にかわる何か、もしくは、制度のすきまや不足分を埋める何かがなければ、地域での暮らしの継続は不可能でした。

それに、支援の対象が「障がい者向け」や「高齢者向け」と区切られている制度では、障害者手帳をもっている人や介護保険制度に該当する人には使えても、障害者手帳をもたない発達障がいの子どもたちや、高齢ではないけれど病気で支援が必要な状態の人たちには、支援サービスは届かないことになっていました。たとえば、親が病気になったとき、障がい児には預け先がありますが、きょうだいの障がいのない子どもは預け先がないというようなことも、子育て支援が整っていなかったころにはありました。

いろんな人が一緒に生きる地域にするためには、いまある制度内の支援だけではなく、「制度と制度のすきまを埋める」「制度の不足分を補う」支援、それも「対象者がだれか」ではなく、支援が必要な「どんな状態か」で判断する必要があることに気がつきました。

〈とも〉のタイムケアを最初に利用したのは、障害者手帳をもたない子どもを一人で育てていたお母さんでした。最初の面接で「うちの子は、ちょっと変わった子どもなの。〈とも〉はだれでも利用できるって聞いたので契約したいのです」とおっしゃっていました。そのお母さんが仕事帰りに倒れて救急車で運ばれ、〈とも〉に緊急対応が求められました。お母さんが病院から戻ってきた深夜まで、学校から帰ってきた子どもと自宅で過ごし、宿題をすませたり、明日の学校の用意をしたり、夕食からお風呂、就寝まで、スタッフがお母さんのかわりをしました。お母さんが入院するなどで必要ならば、遠くの実家と連絡をとったり、子どもを実家に預けられるように翌日の交通の手配をしたり、その日は泊りがけで支援するつもりでした。その子は、後日、アスペルガー症候群と診断されたのですが、当時は発達障がいのある子どもへの公的な支援はなく、〈とも〉のような「だれでも利用できる」という支援サービスはどうしても必要だったのです。

●同じ仕組みの輪に入ることで「他人ごと」から「自分ごと」に

障がいがあってもなくても、困ることは同じ。だとしたら、みんなが使える仕組みのほうが、「他人ごと」ではなく「自分ごと」と思ってもらえるのではないか、同じ仕組みの輪に入ったとき、障がいのある人やその家族の〝困り感〟を近くに感じてもらえるのではないか……。

自分のことにひきつけて考えてみることの難しさは、味わっているからわかります。私もそうでした。私は、江里が障がい児だと告知された瞬間から、自分がこれまでとは違う世界の人間になったように感じました。交通事故で怪我をした人も、脳血管障がいの高齢者も、突然、違う世界の人間になったと感じているかもしれません。もし自分がそんな違う世界にいる立場になったとしたら？

ふだんはあまりそんな想像はしないかもしれません。でも、ほんとうは、ちょっと考えればみんなわかるはずなのです。そのときにどういうふうな待遇、生き方を余儀なくされてしまうかは、いまの障がい者や高齢者が身をもって示してくれています。かれらが社会のなかでともに生きていて、みんなから見えるところにいて、みんなもそれをちゃんと見ていたら、何に困るかをもう少し想像しやすくなるのではないでしょうか。どんなことが必要なのか、どこを変えればよいのか、いろんな発想が出てくるでしょう。そして、いまの社会保障の仕組みを考えることにつながっていくのではないかと思うのです。

もし自分がその立場になったら、自分らしく生きるためにはどんな支援がほしいのか、どんなつながりがあるといいのか、みんなが考えるようになると思うのです。

●いろんな人が利用した

制度に縛られない、基本的には必要ならどんなことでもするという支援サービスの利用者には、高齢者や障害者手帳をもつ人たちだけでなく、いろんな人がいました。

近所に手助けしてくれる人がいないお母さんが急病になったときの赤ちゃんのケアもありました。出産時に父親が海外出張で不在の家族には、上の子どもたちとその自宅で留守番をしたり、出産した母親のいる病院に連れていったりもしました。乳幼児と幼児を抱え、入浴や夜泣きに苦労する若い母親の支援など、自宅にスタッフがうかがったり、外出に付き添ったり、相談の部分も含めてマンツーマンの支援をおこないました。

もちろん、ベビーシッターを頼むより安いからという理由や、ほかの社会資源がある場合は、きちんと理由を説明してお断わりしますが、必要と判断される支援はなんでもやりました。

2 制度外支援サービスの限界

〈とも〉が掲げた「二十四時間三百六十五日、必要なときにはいつでも提供する支援サービス」のなかには、困っている人の〝いざ〟に対応する支援、つまり当然、緊急対応も含まれています。でも、その〝いざ〟というのは、日中の時間帯とはかぎりません。

●求められる早朝深夜の緊急対応

お二人ともに障がいがある七十歳を超えたご夫婦がいます。ご夫婦は、そのときどきの制度やサービスを使いながら、近所の人や友人の協力を得て、地域での暮らしを続けてきたそうです。ご夫婦の家はバリアフリーに改修されていて、介護保険制度や障害福祉サービスも使っていましたし、おたがいに助けあえるので常時介護が必要というわけではありません。

けれども、トイレに行くまでに時間がかかって途中で失禁してしまったのに、ヘルパーが来るまでにはあと三時間ある……。車椅子からの移動中に転倒してふすまに首を突っ込んでしまい、そのまま動けなくなってしまったこともあったそうです。自力では立ち上がることができないご主人が、朝五時の起床時にベッドから車椅子への移乗に失敗し、転倒したまま動けなくなったこともありました。そういう、いつ起こるかわからない事態に対応できる支援があるかどうかは、地域での暮らしを続けていくためにクリアしなければいけない大きな課題です。

〈とも〉の存在を知ったご夫婦の希望は、「そんな緊急のときには、いつでもすぐに来てほしい」ということでした。日中なら近所の人に助けてもらえるけれど、夜中や早朝には頼めないというのです。

「しかたないからじっとヘルパーが来るのを待っていたけど、限界で、救急車を呼んだこともある。そのときはもうこの暮らしは無理かなと思って、ケア付きの住まいを探したけど、夫婦別々になってしまう。だから、〈とも〉さんが、二十四時間三百六十五日の支援をしてるって聞いて、すごくうれしかった」

地域の助け合いだけでは埋まらないものがあります。また、頼む人の気持ちを考えたときにも、自分の権利として、対等な立場で受けとれる支援が必要です。

●制度外支援サービスによる緊急対応の限界

〈とも〉はタイムケアとして、このご夫婦のような場合の緊急対応もおこないました。緊急携帯電話を枕元に置いて眠るスタッフは、真夜中の二時でも朝の四時でも、コールがあれば飛びおきて、急いで着替えて自転車に乗り、寒い日も雨の日も強風の日も、利用者の自宅に向かいました。それは、何の制度にもよらない〈とも〉独自の支援サービスでした。

しかし、この状況は、当然ながらスタッフを疲弊させました。緊急携帯電話を持つ日には手当を支給したりしましたが、浦安市内に住むスタッフがいることがまず大前提になってしまいます。また、日勤をこなしているスタッフが深夜や早朝の緊急対応もするわけですから、オーバーワークになるのは目に見えています。

加えて、ひとり暮らしの方や、高齢者、障がい者世帯の暮らしには、緊急時の対応だけでなく、就寝介助、体位交換、排泄介助、起床介助などの、夜から朝までの定期的なケアが必要です。〈とも〉はその対応もおこなうのですが、夜間のケアにおける同性の介護者の確保や、不規則な勤務をこなすスタッフの確保など、困難をきわめていました。報酬もとてもそれに見合うものではなく、スタッフも疲弊していくなかで行きづまっていました。

●市の委託事業になった

夜間や緊急時の対応は、人の生活の悲惨さを見捨てておけないスタッフの半ば犠牲で成り立っていると言っていいくらいでした。このような状況で、よろよろとおこなわれているのはおかしいのでは、と考えるようになりました。

浦安市には二十四時間三百六十五日の支援サービス提供をおこなっている事業所がひとつありましたが撤退し、〈とも〉しかありませんでした。支援サービスはスタッフの数しか提供できません。何度も、あと一人スタッフが退職したら夜間の「定期対応」も「緊急対応」も断念するしかないと思いました。早くスタッフを楽にさせてあげたい、このままでは、もう新しい利用者は受けられない、と。

以前から、〈とも〉が受託していた浦安市障がい児・者総合相談センターの相談支援事業でも、障がいのある当事者の方から、夜間のケアについての相談が寄せられていました。相談支援では、当事者の声に耳を傾け、ニーズを把握し、ご本人自身が伝えたいという願いを浦安市の職員や民生委員などに届けるサポートをしました。

そうしたことによって、当事者のニーズから浦安市の新しい事業が誕生しました。それが、在宅の高齢者と障がいのある人を対象とする「浦安市夜間安心訪問ヘルプサービス」です。この事業は、現在は公募により〈とも〉が、浦安市からの委託というかたちでおこなっています。

〈とも〉が必要と思いおこなってきた緊急対応が、高齢者を含めた在宅支援のセーフティーネットにつながったことはほんとうにうれしいことです。

いまは、スタッフが緊急携帯電話の音に飛びおきるのではなく、〈とも〉の事務所に男女合計四名のスタッフが常駐し、夜十時から翌朝六時まで、浦安市で登録した方の〝いざ〟に備える「随時訪問ヘルプ」と、定時にプランにそった支援をするヘルパーが訪問する「定期訪問ヘルプ」をおこなっています。

●権利を守る相談支援事業

〈とも〉は立ち上げたときから、障がいの有無も種類も年齢も問わず、あらゆる人に対しての相談支援を二十四時間三百六十五日態勢でおこなってきました。それは、〈浦安共に歩む会〉の自分たち自身の経験と成果から、〈とも〉を始めるにあたって、なによりもしっかりした相談支援事業が必要だと思ったからです。いまでは厚生労働省が、相談支援事業は「地域生活の要」と言っています。

私たちは〈浦安共に歩む会〉で、一人ひとりが抱えている問題に焦点を当て、みんなで考え、情報を集めてきて、必要な専門性・知識をもつ専門職やそれらに精通した人たちの力を借りて、問題の解決をめざしました。自分の抱えている問題にだれかが一緒になって取り組んでくれる、自分の話をまず共感して聞いてくれることは、本人にとってはとても勇気づけられることであり、自分自身で問題を解決する力がわいてきます。どんな人でも、自分の意思があり、自分で自分の人生を決めていく力があります。それを支えあってきました。

あわせて、おたがいに支えあう直接的な生活支援もしていましたが、めざす問題の解決のため、制度やシステムを具体的に提案し、たとえば、機能訓練を浦安市につくってもらったり、いくつかの社会資源の開発もしてきました。さらに学校選択の自由や地域で暮らすための支援を求めたり、障がいを理由に差別をされていることの解決をはかったりなど、一人ひとりが人としてもっている権利を守ることもしてきました。これらはじつは、みんな相談支援事業のなかに含まれる要素なのです。

〈とも〉では、浦安市障がい児・者総合相談センター（障害者自立支援法における委託相談支援事業）を中心に、千葉県療育等支援事業や、あとでご紹介する「地域活動支援センターとも」でおこなっている指定相談事業、介護保険の居宅支援事業など、複数の相談支援事業をおこなっています。相談窓口の開設時間は一応ありますが、〈とも〉ではそれ以外の時間でしか対応できない相談や緊急対応など、二十四時間三百六十五日態勢をとっています。

たとえば、障がいのある人やその家族から「相談したいことがあるのですが」と電話がかかってきます。相談室で、あるいは利用者の自宅や関係機関まで出向いて、面接をおこない、本人がどうしたいのか、何が課題なのか、状況を把握し、ニーズをはっきりさせる。相談員はその人の解決に向けて寄りそい一緒に歩む存在です。必要があれば関係機関からなる支援チームをコーディネートし、本人や家族と一緒に、地域のなかでその人らしく生活できるように知恵を出しあいます。相談支援は、子どもの就学などから始まって、就職、ひとり暮らしなど、ライフステージとともに継続的におこなわれる数年単位でのかかわりです。

また、たとえば「旅行に行きたい」という利用者のニーズを浦安市地域自立支援協議会に届け、それによって宿泊をともなう外出でも移動支援が適応されるようになったこともありました。地域自立支援協議会には、こうした個人の生活ニーズから社会資源をつくっていく役割があり、この運営も浦安市障がい福祉課とともに浦安市障がい児・者総合相談センターの事業内容のひとつです。

相談支援はどの事業よりも〝黒子役〟です。『この相談員のおかげで』なんて利用者さんに言われるようじゃ、まだまだ」と私はスタッフに話します。相談にきた本人が自分の力で生きている実感をもてていると思えて初めて、かかわった相談員の力量の大きさを私は感じます。ものすごーく支援をしてきた利用者さんが、「ぼくはいろんな困難があったけれども、自分で選び、決めて、自分らしく生活しているいまがあるんです」と胸を張って語り、その話のなかに相談員のことはちらりとしか出てこなかったとき、「よっしゃ！」と思う、そんな感じです。

だから、相談支援はとてもわかりにくく、評価の視点も難しく、陽の当たらない役割ですが、だれもが人として大切な存在として生きるためには欠かせない支援であり、ベースになくてはならない大切な事業だと考えています。

「その人の権利を守る」という視点に立った本人の自己決定を支える相談支援事業は、地域にエンパワーメントされた人を増やし、ともに生きることのできる地域をめざすためには、欠かせないものなのです。

●障がい者のいる家族の〝いざ〟を支援する

私たち障がいのある子どもをもつ家族は、急病や葬儀などの突然の〝いざ〟というときに安心して子どもを預けることができ、そして子どもの生活が大きく変わらないで過ごせる場所がほしいとずっと思ってきました。この〝いざ〟に対応するための施策を、〈浦安共に歩む会〉ではずっと浦安市に要望してきました。が、長きにわたりそれはかなわず、それならば、自分たちが実践することで示していこうと、〈とも〉ではケアルームを用意し、タイムケアで緊急対応、宿泊、一時預かりなどをおこなってきました。

そして、NPO法人〈とも〉ができて約一年後の二〇〇二年、〈浦安共に歩む会〉発足時からの私たちの願いがかない、短時間から宿泊までの預かりをおこなう浦安市障がい者等一時ケアセンターが開設されました。現在は、〈とも〉が指定管理者としてセンターを運営しています。

一時ケアセンターができて、「あぁ、これで私、やっと入院できるわ」と話された先輩ママの言葉がいまも耳に残っています。遠い入所施設に預けるしかなかったために子どもが不憫で、自分の入院治療は先延ばしにしていたのです。このママの姿は自分たちの将来の姿だったと思います。

でも、当初、浦安市が考えていた一時ケアセンターの態勢は、二十四時間三百六十五日の運営ではありませんでした。その後、市は、私たちの当事者としての願いや、運営する〈とも〉の意見を受けいれてくださり、市が単独で運営する事業としては大変珍しい二十四時間三百六十五日、あらゆる障がいプラス、難病をもつ人を対象に運営する施設として開設されました。

こうして〈とも〉が始めた緊急対応は、公的な安定したサービスとして定着し、障がいをもつ市民みんなのセーフティーネットとなりました。

●「制度の幹を太くする」をめざして

タイムケアはパーソナルケアサービスと名称を変えて現在もおこなっていますが、二〇〇一年の設立当初とは変わり、現在は利用者のほとんどが、障害者自立支援法による福祉サービスや介護保険などの制度内の支援サービスに移行しています。同じ支援内容で、マンツーマンの支援という柱はそのままで。

〈とも〉は、「制度の幹を太くする」という方針をもっています。障がいがあったり、育児で困っていたり、高齢になったり――その方たちへの支援は、「恩恵」ではなく「権利の保障」と考えているからです。ですから、赤字前提で、限られたスタッフで必死に休みの日も返上して支援サービスを提供していくというのは、ある程度の期間のことと思っていました。

だれもが地域での暮らしを続けていくには、途切れることのない確かな支援が必要です。それは、私的契約による安くない利用料を支払える人しか使えなかったり、経営基盤が不安定な状態でおこなわれる事業では担えません。地域の支えあいはもちろん大切ですが、善意や意欲だけで提供されるものではなく、ゆるぎなく続く確固たるものでなければなりません。そうでなくては、地域生活を選びたくても選べません。

また、制度と制度のすきまを〈とも〉が埋めることで完結してしまい、制度や公的支援が生まれなくなってしまうということは避けたいのです。

そう考えて、〈とも〉は、制度（社会保障の仕組み）を大切にしています。障害者自立支援法ができるときもしっかりと意見を伝えてきましたし、浦安市や千葉県にもいろいろな意見を伝えてきました。制度には、私たち市民、県民、国民の意見がちゃんと反映されていくことが重要です。できた制度をよきものに変えていく責任は私たちにもあると思います。

〈とも〉を始めたころにはタイムケアを使っていた障がいのない子どもたちも、子育て支援制度が充実するなかで、そちらに移行していきました。あのころの、障がいのある子とない子が〈とも〉のケアルームで一緒に遊ぶ光景も懐かしいですが、それが地域の中でくり広げられるほうがずっとステキなことです。いまは制度による安定した支援を受けながら、街のなかで生活する人たちの姿がたくさんあります。

証券会社でバリバリ働いていたGさんは、四十歳ころに難病を患い、寝たきりになってしまいました。家庭は崩壊し、たった一人での暮らしとなります。自暴自棄になって支援すら受けいれられない時期もありましたが、〈とも〉の相談事業（障がい児・者サポートセンター。現在の浦安市障がい児・者総合相談センター）が介入しました。最初は外出する意欲もなく、食欲も落ち、一時は褥そうもできてしまい、深夜・早朝も含めて一日に六回の訪問ケアが必要でした。いまは、褥そうも治り、障害者自立支援法による障害福祉サービスの移動支援などを利用して、レジャーに外出したり、いきいきと過ごしています。Gさんは「施設には行きたくない」と、ひとり暮らしを楽しんでいます。

Gさんのように、障害者福祉サービスの移動支援や居宅支援などのマンツーマンの支援を利用して、地域での生活を続けている障がいのある方、高齢世帯の方、障がい児を育てている方たちがいます。これが〈とも〉の考える「制度の幹を太くする」が実現した姿です。

2006年3月	NPO法人としての事業実績を持ち、社会福祉法人〈パーソナル・アシスタンス とも〉設立
4月	障害者自立支援法施行により、事業の一部を新制度移行
9月	福祉有償運送事業を開始
	公益事業として法人独自の就労支援事業を開設
10月	「地域の福祉力を高めよう！」フォーラムを「福祉ネット浦安」と開催（参加者600名）
	障害者自立支援法における地域生活支援事業の「移動支援事業」開始
	千葉県より障害者自立支援法における指定相談事業所として指定を受ける
	浦安市より障害者自立支援法における委託相談支援事業所として「浦安市障がい者総合相談支援事業」を受託
2007年	2007年度厚生労働省障害者保健福祉推進事業地域生活支援事業の先駆的・試行的（モデル）推進事業に採択され、実施
2008年	2008年度厚生労働省障害者保健福祉推進事業（障害者自立支援調査研究プロジェクト）に採択され、実施
4月	「地域活動支援センター とも　今川センター」開設
	「浦安市夜間安心訪問ヘルプサービス事業」を浦安市より受託
	「浦安市通院ヘルプサービス事業」を浦安市より受託
10月	「地域活動支援センター とも　駅前センターほっぷ」開設
2010年11月	千葉県「フレンドリーオフィス」に認定

〈パーソナル・アシスタンス とも〉の事業のあゆみ

2001年５月	特定非営利活動法人（NPO）〈パーソナル・アシスタンス とも〉設立
６月	タイムケア事業と療育事業を開始
2002年10月	介護保険制度の「訪問介護事業所」として千葉県より指定
12月	支援費制度の「居宅介護事業所」として千葉県より指定
2003年４月	浦安市障害者生活支援事業を浦安市より受託 「障がい児・者サポートセンター とも」開設
６月	「地域の福祉力を高めよう！」フォーラム開催（参加者900名）
11月	「浦安市障がい者等一時ケアセンター」を浦安市から受託
2004年２月	社会福祉事業従事者養成研修等事業（全身性障害者移動介護従事者養成研修、視覚障害者移動介護従事者養成研修）開始
４月	「精神障害者居宅生活支援事業所」として千葉県より指定
７月	介護保険制度の「福祉用具貸与事業所」として千葉県より指定
10月	千葉県中核地域生活支援事業を社会福祉法人・一路会と受託して市川浦安圏域を担当、千葉県中核地域生活支援センター「がじゅまる」開設
2005年４月	千葉県「障害児・者相談支援事業」受託
５月	社会福祉事業従事者養成研修等事業（知的障害者移動介護従事者養成研修）開始
７月	介護保険制度の「居宅介護支援事業所」として千葉県より指定 障害者就労の場として「浦安市斎場内売店」を浦安市より使用を許可

3 成長を育み、余暇につながる療育事業

●親の思いから始まった

イルカスイミングクラブをはじめとして、障がいのある子どもを対象とした「療育事業」は、〈浦安共に歩む会〉から始まっていました。わが子の成長や健康によいことをさせたい、わが子のいいところを伸ばしてあげたい、という私たち親の思いから出発しています。

たとえば、自閉症のしゅんくんは落ち着きがなくて、しゅんくんにとって何が楽しいことなのか、ママにはわかりませんでした。でも、あるとき、絵を描いているしゅんくんがものすごく真剣な眼差しで集中している姿を見て、「これだ」と思ったことから「ZOUKEI（造形教室）」が始まりました。また、障がいではないけれど、発達がゆっくりだったり少し偏ってるかなと思う子どものママは、運動が苦手な子どもでも参加できるような「卓球教室」を始めました。というように、一人の保護者からだったり、複数の保護者だったりもしますが、最初は同じような願いをもつ親たちがわが子のために必要なものを浦安につくろうと、みんなで協力しながら実践してきたのです。

療育事業をつくってきた私たちは、偶然か必然か、みんな普通学級を選んだ保護者でし

た。その背景には、教育委員会に「普通学級では障がいに対する特別な教育はできませんよ」とさんざん言われたこともあったかもしれません。必要な教育はすべて用意してもらうんだという意思と覚悟はゆるぎなくあって、実践をしてきても、それとは別に、学校という集団教育のなかではできないこともあります。

また、普通学級のなかにいて、みんなとは違う自分を意識したり、それが自己否定的な気持ちになってしまったりはしないだろうか、という心配も、正直ありました。子ども一人ひとりのペースに合わせた時間を確保することや、安心な空間で自信につながる経験をすることも大切ではないか、と。自分にだけ注目してもらい、「あなたにはよいところがいっぱいあるよ」と理解してもらう、楽しんだり集中するなかで、自分の興味を広げ、成長や発達につながること、自己肯定感をもてるような時間と場を確保してあげたい気持ちもありました。

●本人たちにとっての療育事業

そうして始めた療育は、続けていくと、もっとたくさんの大切な要素があることがわかりました。たくさんの体験をすることで選択肢ができ、初めて「選ぶ」ことができるのです。多くの機会を得ることは、とかく機会が狭まりがちな障がい児にとってはとくに必要だと感じます。もとは保護者の気持ちから始まっていますが、多くの経験を積んできた子どもたち自身にとっては、いまでは余暇にまでつながっています。仕事をもつようになっても「クレヨン教室」で計算や漢字を学んでいたり、体を動かすことがストレス発散になっていたりします。パンづくりや、絵を描くことが趣味となっている子もいます。生きる喜びがそこには存在し、それは、子どもの療育という域を超えて広がるものだったのだと、いまになって思います。

〈浦安共に歩む会〉のころからあるものと、〈とも〉で事業として始めた療育もあり、現在は八つの療育事業をおこなっています。ゆうやくんの通う学校のクラスのお母さんがパン教室の講師をかって出てくれたり、けいちゃんのママが所属する卓球サークルの方が講師をつとめてくださったりと、障がいをもつ子どもや保護者と地域の人たちや専門職との出会いからつくられたことも、〈とも〉の療育事業の特徴かもしれません。

4 街のなかでともに働き楽しむ

私たちの子どもは地域のなかで、地域の子どもたちとともに育ってきました。だから、おとなになっても、暮らすことも働くことも、その延長線上にあってほしいと願ってきました。

そのためには、実践の場があることはもちろん、地域の人たちにその願いを理解してもらい、共有してもらう必要があります。それも、閉じられた場ではなく、地域のなかにみんなの目に見えるかたちで存在する、障がいのある人もない人も一緒に活動する場がほしい！

あわせて、障がいのある本人たちが自立に向けて自分を肯定的にとらえたり、仲間を得たり、達成感を味わうなど、主体性を確立するための活動や場も必要です。

●〝機能〟〝仕掛け〟としての地域活動支援センター

〈とも〉は二〇〇八年四月、浦安市の補助を受けて「地域活動支援センターとも」をスタートさせ、新浦安駅から徒歩一分の「駅前センターほっぷ」と、住宅地のマンションの一階にある「今川センター」のふたつの拠点を立ち上げました。私たちは、厚生労働省がモデルとして示した「地域活動支援センターI型モデル」にその可能性を感じ、二〇〇七年度の厚生労働省障害者保健福祉推進事業に公募し、採択され、地域活動支援センターの調査研究事業をおこないました。そこから導きだされたことや、浦安という地域性、〈とも〉の理念などを考えながら地域活動支援センターを立ち上げたのです。

その役割は、自立に向けた本人の主体性を形成する機能と、共生を進めるための地域の感受性を高める機能とし、当事者主体の活動拠点として、障がいのある人もない人も地域のなかで自分のもっている力を発揮し、自分らしく生きていくことのできる街づくりをおこなうための〝機能〟〝仕掛け〟としています。

対象者は、発達障がいを含めたあらゆる障がいのある方、難病の方、障害者手帳はもっていないけれど関係性に困難を抱える方、障がい受容で苦しんでいる方、ひきこもりの方、などとしています。障がいのある人を含めた、社会のなかで生きづらさを感じている人たちがセンターに来て、居場所があり、プログラムにかかわっていくことで、自分のなかに安心感、自由な気持ち、自信が芽生えていきます。

一方、地域のボランティアや住民の方たちは、彼らとかかわっていくことで、生きづらさを感じることはだれにでも起こりうることとして、「他人ごと」ではなく自分に照らしあわせて見てくれるようになります。その相互作用が生まれる場が「地域活動支援センターとも」であり、それによって地域がエンパワーメントされ、自分のもっている力を十分に発揮できるようになってほしいと思います。

●昼と夜でふたつの顔をもつ「駅前センターほっぷ」

「駅前センターほっぷ」では、立地条件を活かして、午前九時から午後四時まではリサイクルショップを開いています。古着や手づくりのティッシュカバーなどの小物を探しに、地域の方たちが来店します。そして、四時に店をいったん閉め、レイアウトをガラッと変えて、夕方五時から夜十一時までは立ち飲み処に！　地域の若者たちが集ったり、通勤帰りのサラリーマンたちがやってきたりします。昼と夜で、毎日約二百名のお客さまが来てくださっています。

そこでは、障害福祉サービスを利用しての福祉的就労の人、一般就労へのアセスメントとして一時的に利用する人、体験をしてみたい人など、いろいろな障がいをもつ人たちが働いています。みんなで話し合い、それぞれのペースを大切にしながら、昼はリサイクル品の回収や受付、値札付け、販売、掃除、ポップ作成やチラシ配り、おつまみの仕込みなど、また夜は食器洗いなど、さまざまな仕事をしています。

最初は、車椅子に乗った重い障がいの店員に驚いていたお客さまも、いまでは物品を提供してくださったり、「今日もがんばってるね」と声をかけてくださったりします。夜の「ほっぷ」では、若者が「ぼくがこのお店を利用することが、障がいのある人の生活を支えることになってるの？」と聞いたりしながら、お店に飾られた彼らの描いた絵や写真を見たり、彼らがつくったおつまみを食べながらお酒を飲んだりしています。

障がいのある人が、たくさんの人が行き来する新浦安駅前で働くことで、地域のみなさんへ向けて、自分らしく生きることを発信することになればと考えています。

また、月一回、「ほっぷの夕べ」と題して、講演会やトークショー、コンサートなどもおこなっています。地域の人たちが集う交流の場として、新しい出会いが生まれています。

●本人たちの「やりたい」から始まる「今川センター」

「今川センター」は、だれもがいつでも気軽にたちよれるフリースペースです。当事者主体の活動拠点としての〝場〟の提供と相談支援をおこなっています。

離職したけれど行き場も気持ちも落ち着かず毎日来る人、一般就労をしていて明日の活力を得るために食事をしにくる人、自分のやりたい創作活動に黙々と取り組む人、ただ寂しさや不安を抱えて仲間を求めてくる人、さまざまです。フリースペースで安心して過ごせるようになると、やってみたかったけれど自信がなくてできなかったことや、不安だけど仲間や支援スタッフと一緒だったらやってみたいことに挑戦する気持ちが芽生えてきます。

軽度の知的障がいがあり、一般就労している三十代後半のNさんは、「ぼくは会社と家の往復だけで、ずっとひきこもってたんだ。でも、地域活動センターができて、ほっぷでお酒を飲んだり、今川で仲間ができて、いまは青春ドラマみたいで楽しいです!」と話してくれました。障がいのない人たちとともにいる時間もある一方、共通点をもった仲間で集う場があることは、それぞれ自分のもっている本来の力を引きだすことになります。

「今川センター」には、音楽療法、調理、夕食会、ソーシャルスキル・トレーニング、美術、お菓子づくり、スポーツなどのプログラムや、イベントや外出などたくさんの活動がありますす。それらの活動は本人たちの「やりたい」からつくられました。みんなが同じことに取り組むことを強いていません。支援スタッフは、必要な部分に対してそっと見守ったり、寄り添ったり、〝黒子役〟と〝橋渡し役〟に徹する支援をおこなっています。

●障がいのある人もない人も一緒に生きる社会にしたい！

こうして、障がいのある人同士の横のつながり、一緒に悩んだり、笑ったりできる場ができました。その場を活用して、ありのままの自分を認めることができたり、自己肯定感をもてたり、障がい受容が少しずつできるようになったり、当事者の方たちの変化、そしてかかわってくださる地域の方たちの意識の変化もみられるようになっています。

また、〈とも〉では、福祉サービスとしての就労支援事業ではなく、一般就労先である法人として、障がいのある人の雇用についても積極的に取り組み、障がいのある人もない人も一緒に働くことを実践しています（二〇〇八年度、法定雇用率一・八％のところ、〈とも〉は一一・八％の障がい者雇用率となっています）。

障がいのある人の職場の一つが浦安市斎場内売店です。障がいのある人を雇用することを条件に公募され、〈とも〉が選定され、二〇〇五年、斎場内売店の運営がスタートしました。

売店のような事業は初めてですし、直接お客さまとも接する場所で障がいのある人が働くことをサポートするのも初めてでしたので、当初は手探りでのスタートでした。店頭での物品販売、葬儀や通夜の際の飲み物の販売、食事のとりつぎなどの仕事があります。加えて宿泊者への布団の貸し出しもあります。これにともなって、布団カバー、枕カバーのセッティングや洗濯、布団の乾燥なども仕事のひとつになります。

この事業も六年目です。さまざまな工夫をしながら、障がいがある人の雇用を継続する実践が、まさに就労支援です。斎場売店でのノウハウを活かし、「地域活動支援センターとも」にも障がいがあるスタッフを配置しています。

障がいのある人もない人もともに働くためには、配属された職場だけで完結するわけではなく、スタッフ研修や、雇用支援の制度を活用するなど、法人全体での支援態勢をとっています。これらの取り組みが千葉県に認められ、二〇一〇年には〈とも〉は「フレンドリーオフィス」に認定されました。

＊

〈とも〉は、理念実現のために必要だけれど制度にないものは自分たちでつくりだし、まず独自の事業として提供します。それが普遍的な制度や支援サービスになれば、独自の支援サービスは制度などで埋まらない部分だけを残して、そのほとんどは消えていきます。ですから、〈とも〉の事業に完成版はありません。設立当初から事業の数やかたちも変わり、いつも現在進行形の未完成であり、これからも変化しつづけるのだと思います。

〈パーソナル・アシスタンス とも〉の事業一覧

（2011年３月現在）

一　第２種社会福祉事業

1　障害福祉サービス事業

2　相談支援事業

3　移動支援事業

4　老人居宅介護等事業

5　浦安市障がい者総合相談支援事業（浦安市受託事業）

6　千葉県障害児等療育支援事業（千葉県受託事業）

7　地域活動支援センター事業

二　公益を目的とする事業

8　浦安市障がい者等一時ケアセンター事業（浦安市受託事業）

9　障害者就労支援事業（浦安市斎場売店は浦安市使用許可事業）

10　パーソナルケアサービス事業

11　社会福祉事業従事者養成研修等事業

12　居宅介護支援事業

13　福祉用具及び医療機器の貸与・販売事業

14　療育事業

15　浦安市夜間安心訪問ヘルプサービス事業

16　浦安市通院ヘルプサービス事業

（〈パーソナル・アシスタンス とも〉定款より一部改変）

障がいのある人もない人も働き集える場、「ほっぷ」。昼はリサイクルショップ、夜は立ち飲み処に。
地域との交流事業「ほっぷの夕べ」に浦安市長とスウェーデン大使夫妻が飛び入り参加したときの様子。

第7章 私たちがめざすもの

例年おこなっている〈とも〉主催のお花見で。2010年4月

支援が必要な人が地域のなかに見えるかたちで存在していること、同じ市民として、仲間として、ともに過ごすことは、だれもが自分らしく安心して暮らせる社会につながっているのだという実感があります。

そこに、これまで存在してきたもの、そして今後も必要なものが、支援のあり方です。支援を提供する側としては、その人に合ったよりよい支援を提供するのは大前提であり、当然のことですが、そのよりよい支援は「何のために存在するのか?」を考えることが重要だと思っています。複雑に絡みあった、じつにたくさんの要素があるようでもあり、とってもシンプルでもあります。

1 主人公は誰?

●親子の〝自立〟につながる支援サービスを

親にとっても子どもにとっても、〝自立〟は大きなテーマです。こだわりが強いという特徴をもった人も、食事に全介助が必要な人も、ずっと母親とだけ過ごしていたり介助してもらっていたりすると、ほかの人とでは「外出できない」「ご飯も食べられない」ということもあります。

〈とも〉では、障害者自立支援法による移動支援をおこないます。家族の状態に応じて、子どもの通学の支援にも使うことができます。お母さんが体調を崩して長期に送り迎えができないときも、子どもは遠いショートステイに行くのではなく、いつもと変わらず自宅から保育園や学校に通う生活を続けることができます。

このような支援サービスを使っての親以外の人とのさまざまな経験は、〝自立〟に向けての大切な要素になります。ケアスタッフはそれを理解し、買い物をするときにはレジで本人がお金を払うことを見守ったり、バスを待つときには「順番をちゃんと守ろうね」と教えたりしながら過ごします。料理を一緒につくったり、自宅でお風呂に入る練習をしたりもします。ゆっくりと育つ子どもならなおさら、その人のペースに合わせてさまざまな体験をしたり、ルールを覚えたりするパーソナルな時間が必要なのです。

どんな意味づけをもって支援サービスを使うか、また提供するかは、大切な視点です。

また、PTA活動などでもう一人のきょうだいもしっかりみてあげたいとき、お母さんがたまにはのんびりお友だちと過ごしたいとき、そんなときには、子どもが楽しく安心して過ごせる環境であることがいっそう必要なのだと思います。子どもにとっては、自宅でケアスタッフとマンツーマンで過ごすのがいちばん落ち着くのですが、〈とも〉のケアルームに来てもらうこともできます。ケアルームは、〝おうち〟のような空間で、そこを拠点に、おやつを買いにいったり、公園で遊んだり、疲れたらそこでお昼寝したり。マンツーマンのケアスタッフとともに一人ひとりの子どもに合わせたスケジュールで過ごすことができます。

●本人のがんばりをほめたい

私は、医師やリハビリの専門家などに、何度かこう言われたことがあります。「これだけ障がいが重いのに、すごくよくケアされてますね」。一瞬、すごくうれしいです。実際、一生懸命やっているのですから、親だって評価されたいし、ご褒美をもらえることはとてもいいことだと思います。支援者も同じです。一生懸命に仕事をして、家族や本人に「よくやってくれてありがとう」と言われたらうれしい。それを励みにさらにがんばります。けれど、忘れてはいけないのは、本来の自分たちの役割。大事なのは、そのケアがその人の生活にどういうふうに役立ったかであり、どれだけその人が自分らしく生きている充実感をもてるかということで、それを一緒に喜べるかというところだと思うのです。

たとえば江里ならば、支援者の手を借りてリハビリしたり、歯磨きするためにうまく開かない口を一生懸命開けていたりすることの、本人への評価やご褒美である「よくやっているね」という言葉は、まずは江里に与えられることです。

相談者や支援者にありがちなのは、「私がつくった」「自分がやった」というような発想。「ぼくがこんなふうに療育したから、この人は問題行動がなくなった」「私の最新手技でリハビリしたから、こんなによくなった」……、たしかにそれはそうなのでしょう。けれどもそれを施した人だけのお手柄にはしてほしくないのです。

コントロールするのは全部私たちで本人は受け身、という関係性になっていないか、そんなふうになりやすいということを理解しながらケアに臨んでほしいと思っています。そうしないと、うまくいけば「支援者のおかげ」で、そうでなければ「障がいのせい」という構図からは抜けだせません。

私たちは〝黒子役〟。本人が主体的に生きていけることをサポートしたいと思っているのですから。

2 支援は〝黒子役〟と〝橋渡し役〟

●友だちの江里とのつきあい方

あるとき、江里と友だちが、一緒に東京ディズニーランドに行きたいという話でもりあがりました。小学校の中学年のころのことです。もちろん、江里には私が介助のためセットでつくしかありません。そうして江里の二人の友だちと、初めてディズニーランドへ行った日は、驚きと感動の一日でした。

彼女たちは地元っ子だから、ディズニーランドをよく知っています。そのうえ、日常的に江里と一緒にいるから、自分たちで車椅子もスイスイと押してくれます。おばさんが通路を妨害していたら、「すみません、通してください」とか言っているし、私はやることがありませんでした。

「つぎ、あれに乗りにいこう」

「江里ちゃん、どうする？」

たまに江里にも聞くのだけれど、みんなはもう明確に「あれ見たい」「あそこ、すいているよ」とか言っています。あたりまえだけれど、「普通の子ってこうやって遊ぶんだぁ」と、家の近所で遊ぶいつもの放課後とは違う環境での発見でした。自分の意思をはっきり言って、自由に動き回って……、江里とはえらい違いだと思いました。

子どもたちの言うがまま、シンデレラ城でのショーを見ることになりました。確保されている障がい者スペースに行こうとすると、「介助の人は二人までしか入れません」と言われてしまいました。すると友だち二人が、「私たちと江里で行ってくる」と言います。とまどう私を尻目に、ほんとうに手慣れたようすで、江里をサッサと連れていってしまいました。

子どもたちはニコニコしながら戻ってくると、「ショーのあいだ、江里ちゃん、暑そうだったからマフラー取っておいたよ」「まぶしそうだったから、帽子を深めにかぶったよ」とか言うのです。「たまに江里ちゃん、よそ見するんだよね」「ちゃんと見てなよって言ってもさぁ」「でも、あそこの踊りのとこはすごくよく見てた」などと、江里がどういう状態で見ているかもすごくよく気がついているのです。

「あの子たち楽しめたのかな？」と一瞬思いながらも、あまりの自然な子どもたちの関係性に感動したことを忘れられません。その日以来、江里の友だちと一緒に行くことがすっかり楽しくなりました。

それに比べて、職業としての介助スタッフは、たとえば車椅子の子と一緒に水族館に行っても、「混んでいて、水槽のすぐ前では見られませんでした」などと言うことがあります。〈とも〉のスタッフでもそんなことがあり、私は怒り爆発。

「たしかに、車椅子がいてもおかまいなしでその前に出てくる人がいるのは現実。もちろん、順番を待つのは車椅子も同じです。混んでいたらちゃんと待つ。けれども、順番がきたらいちばんまえに行って、割り込んでくる人にはちゃんと声をかける。あなたがそこで引いてどうするの？」

スタッフは私から、「あなたは障がい者をばかにしている。この子の大事な時間をあなたは奪った」とか言われてしまいます。

江里の友だちと水族館に行ったとき、実際に子どもたちは、それを言われなくてもやっていました。江里を連れて順番を待ち、順番がくると最前列に江里の車椅子をセットし、自分たちは江里の車椅子の隣にしゃがんで話しながら見ています。おばさんたちが車椅子のまえに入り込もうとすると、「すみません、見えなくなります」と言ってくれました。

そして長居することなくつぎの水槽へ……。こんなことは、江里の仲良しの友だちには当然のことだったのでしょう。

ともにいることが教えてくれることって、すごいです。職業として福祉をめざしたスタッフより、よほど普通の対応ができるのですから。そんな行動が自然にとれる背景には、学校のなかでの江里の介助のされ方や先生方の対応があることは間違いありません。子どもたちは、なんでも吸収します。目のまえにくり広げられる的確な〝黒子役〟の介護や介助の術《すべ》を見て、適切な情報を与えてくれる〝橋渡し役〟がいて、それらを身につけていくようでした。ですから、担任や介助の先生が替わると、微妙に友だちの対応が変わるということもありました。

スタッフには、友情にかかわるものをもってケアにあたってもらいたいのです。いい〝黒子役〟と〝橋渡し役〟をしてもらいたいと切に願います。

●抱え込まない

福祉のことはよくわからないまま生きてきた私からすると、福祉を志し、職業にしている人って、それを仕事にしたいと思うくらいですから当然かもしれませんが、やさしいし、世話好きだなぁ、とつくづく思うときがあります。〈とも〉のスタッフたちもすごくやさしくて、なんでもしてあげようと思うタイプが多いです。けれど、それがケアの現場、ケアの仕方になったとき、「危うい」と思うときがあります。

全部自分で抱え込んで、その人のことをやってあげてしまおうとする。一人の介護者や一施設に抱え込まれてしまうと、そこで完結。新しいものが生まれなくなります。それに、〈とも〉がめざすのは、地域でともに生きるための支援なわけですから、抱え込むことによって、地域の人たちとの関係性までもが奪われてしまうことになりかねません。

たとえば、小学校五年生の普通学級にいるとします。放課後、みんなはワイワイ遊んでいますが、たまたまその子は自閉症で人との関係のとり方が難しい。けれども、うまい〝橋渡し役〟になる人がいることで、みんなと遊びたい気持ちがあるときは一緒に遊べるだろうし、この場はちょっとうるさすぎるので離れたいとなれば、そこから離れることもできます。〈とも〉のスタッフには、そんな〝橋渡し役〟としていてほしいと思っています。本人との一対一の関係をつくってほしいわけではないのです。

たしかに、おたがいにわかりあうために一対一の関係が必要なときもあるでしょう。信頼関係がなければ、安心して身を任せられません。おのずとスタッフにも仕事の役割だけではない愛情がわきますし、それはそれで、なくてはならない側面だと思っています。

自閉症のYさんは人混みが苦手だから、マンツーマンの支援で一日中、人がいないのっぱらを散歩しました。たしかに、入所施設で、自傷行為をしても怪我をしないような部屋に入れられて、一人で頭をがんがん壁に打ちつけて一日過ごすよりはいいかもしれません。

でも、それを基準にするのではなく、地域のなかの一人としていろいろな関係性を築いていくことも大切です。実際にだれかと話しなさいとか、行動しなさいとか、集まりに参加しなさいなどというのではありません。が、支援するスタッフは、少なくとも社会の一員として、人は人との関係のなかで生きていることを自覚して、ケアの仕事をしてほしいのです。だから、抱え込まないでほしいのです。

3 関係性をつくる支援でありたい

●助けを求めることは悪いこと？

〈とも〉の入社式でこの数年、私が話すことのひとつに、「助けを求められる人でいてください」というのがあります。〈とも〉を職場として選んでくれた人は、自分は助ける側だと思っているからでしょうか、他者に「助けて」と言うことが不得意です。

あるとき、支援サービスを使ってスタッフ一人で、江里と東京ディズニーランドに行ってもらいました。帰ってきたスタッフは、ディズニーランドで自分が泣いたと報告をしてきました。地元だから自慢するわけではありませんが、東京ディズニーランドは、江里を安心して一人で介助して連れていく気になる数少ない遊び場のひとつでした。トイレには成人も寝られるようなベッドがついているし、救護室もあります。おおむねバリアフリーで、障がいのある人もたくさん訪れているからか、スタッフの対応もそれなりに安定していて、安心でした。

食事どきになって、カレーを食べることにした二人は、売店に行ったのだそうです。そこでスタッフは、「カレーをふたつお願いします」と言った瞬間、「あっ、どうしよう。お盆を持てない」と思ったというのです。「セルフサービスで、普通は自分で持っていくのだから、自分たちもそうしなきゃ」と。

「カレーを運ぶちょっとの時間だけ、江里ちゃんをここにおいておいてもいいものだろうか？　そんなことできない……。江里ちゃんを一人にできない……。車椅子を押さなくちゃ。カレーを運ばなきゃ。どうしよう、どうしよう……」とパニックになった。

困った、困ったと思っていたら、ディズニーランドの人が声をかけてくれて、「どうぞお席にお戻りください。私たちがカレーを持っていきますから」と言ってくれたそうです。その瞬間にうちのスタッフは、「カレー、運んでくれるんだぁ」と感動し、「うぇーんって、涙出ちゃいました」と言うのです。

「どうして、全部を自分一人でやろうとするの？　そっちのほうが危険でしょう、カレーの皿を持ちながら車椅子を押すなんて。どうして人に頼もうと思わないの？」

「頼んでいいと思いませんでした」

「でもさ、自分も困っていたわけでしょ。江里は一人でディズニーランドに行けないから、あなたに介助を頼んでいるじゃない。それって変なこと？　悪いこと？」

「いいえ。そんなことはないです。当然のことです」

「そうでしょう。困っているときには、近くの人に『すみません。取れないからそれを取ってくださいませんか』と助けてもらっていいんじゃないかと思うよ。障がいのある人をサポートしていくんだから、あなた自身も助けを求められる人にならないと、結局、利用者さんが不利益をこうむるんじゃない？」

それ以来、そのスタッフは人に助けを上手に求められるようになりました。

同じように、利用者さんが外で発作を起こしたときに、スタッフには自分だけでどうにかしようと思わなくていいとも伝えます。自分一人で介抱して、病院に電話して、〈とも〉にも電話して指示を仰いでというよりは、通りがかりの人に、「電話するあいだ、ちょっと頭のここを押さえていてください」などとお願いするほうがよいということです。

そのときに必要なことを他者に頼む力は、「関係性を育てる力」と通じるところがあります。結果、利用者さんの危険を回避することにもつながる場合が多いと思うからです。

なんでも「自分だけでやること」はよいことでもあるかもしれませんが、悪くも働くのです。地域でともに生きるためには、いろいろな人の力を借りて関係性をつくることが、ケアスタッフに求められる力だと私は思っています。

●障がい者は「わからない」のか?

ある通所施設に見学に行ったときのことです。施設の職員が私たちにお茶を入れてくれました。説明を聞いている途中、そこに通う利用者さんが「うーうー」と言いながらそばに来て、私の隣に座っていた人のお茶を黙って飲んでしまいました。そのとき、職員が「すみませんね」と私たちに謝るだけで、その利用者さんはそこを立ち去っていきました。

障がい者を知らない人は、「なんて人だろう?」と思うでしょう。もしくは、「知的障がいだから、やっぱり善悪の区別もつかないのかなぁ」と思うかもしれません。その人は「変な人」「ひどい人」と思われるかもしれません。

なぜ、「これは、お客さんのだから飲んじゃダメだよ」「飲んじゃったなら、ちゃんと謝ろうね」とか言わないんだろう? なぜ、直接本人に謝らせないんだろう?

私たちは障がい児の親として、そう思いました。「そんな支援の仕方じゃ、本人だけがおかしな悪者じゃないの。それに、障がい者だからわからないと思って教えてくれないのかな?」と、がっかりしたことをいまでも覚えています。

それから十年近くたって〈とも〉を立ち上げて、スタッフが障がいのある人たちと一緒に街のなかに出かけていきます。するといろんなことが起こります。たとえば、スーパーに買い物に行き、少し目を離したあいだに陳列棚のポテトチップをこなごなにしてしまったというのです。帰ってきたスタッフに聞きました。

「それでどうしたの？」

「ちゃんと謝ってきました」

「だれが？」

「もちろん、ぼくがです！」

「……」

〈とも〉のスタッフでも、あの見学に行った通所施設の職員と同じでした。ここは支援者が陥りやすいところなのだと気がつきました。

●トラブルは社会性を身につけるチャンス

だれでもトラブルは避けたいものです。けれども、私は「街のなかでトラブることを恐れないで」と、スタッフに言います。

「人に迷惑をかけてはいけません」と教えられている私たちは、障がい者がとる問題行動といわれているようなことは「迷惑」で、なおかつ、自分は支援を仕事としているのだから、その問題を自分だけで解決しなくてはと考えがちです。

でも、障がい者が与えた「迷惑」は、支援者が与えた「迷惑」ではなくて、障がい者が通りすがりの人やお店の人に与えたもの。たとえば、お店でお菓子の袋をグチャッとつぶしてしまったら、そのときには「これはいけないことだよ」と本人に教えてほしいのです。

そして同時に、「ごめんなさい」と、本人に（言葉で言えなくても）お店の人に直接謝らせ、一緒に謝るとかしてほしいのです。

それなのに、スタッフが自分で謝ってしまい、本人より自分が前面に出て、問題を解決して帰ってきてしまう……。そんな報告を受けると、短気な私は、「本人がわからないと思っているからそんな対応の仕方をするんでしょ！」と言って怒ってしまうのです。少し冷静になると、「関係を引きうけてしまうのはやめてね」とスタッフにお願いします。

その子とお店の人、その子とお茶を飲まれてしまった人との関係なのに、自分がその関係を引きうけてしまって、その子とその人との関係をなかったことにしてしまう。そうすると、人間関係を学べないとか、関係性の広がりがもてないというだけではなくて、本来、社会性を身につけるチャンスであるにもかかわらず、その機会を失ってしまうのです。

障がいがあるからなんでも許されるということはないと思います。社会のなかで生きていくのだから、できる・できないはおいておくとしても、だれだって社会性を身につけていくことは大切です。少なくとも、その方向性をもっていないと、本人が生きにくいことになってしまうと思うのです。地域にはたくさんの関係性があり、そのなかで活動すると、社会性を身につけるたくさんのチャンスがあります。それを有効に使ってほしいのです。

「お菓子の袋はそっと持ちます」と、一回言っただけでは覚えないかもしれません。百回言わなければいけないかもしれないけれど、体験のなかで覚えていってもらう。最終的にそれが習得できなくても、その方向はあきらめないということが、やっぱり支援者に求められている役割だと私は思います。

それは、かなり意識をしていないと難しいことです。けれども、自立とか社会性を身につけることは、だれにでも求められること。いくら「ありのままを受けいれる」といっても、何もしなくていいということではないのです。かれらだって困っているのです。どうしたらいいのかをわかりやすく教えてほしいと思っているのではないでしょうか。この社会の秩序とか、この日本の風土とか文化のなかで本人が気持ちよく過ごせる術を伝えていく役割も、支援する側にはある。私はそう思うのです。

●「迷惑」は関係性をつくるチャンス

迷惑をかけたことは相手側と関係をつくるチャンスです。だから、障がいのある人が迷惑をかけて、支援者が処理して帰ってきちゃうと、支援者は「いい人」で、迷惑をかけた障がい者は「変な子」「迷惑な人」で終わってしまいます。でも、その子がちゃんと謝ることができて、「今度はしないよ」というやりとりがあれば、また同じようなことをやってしまったとしても、お店の人が今度は直接、「お菓子の袋はそっと持ってね」と言ってくれるかもしれません。この子にも直接教えてあげようと思う人が一人増えるかもしれません。

迷惑を受けた、いやな思いをしたという人にとっても、どうそれらにかかわったか、どう終わるかが大事だと思います。家に帰ってそのことを考えたときに、たしかに最初はびっくりしたけれども、あとから「なるほど、こういうことか」と思えるような終わり方ができるか、それとも「障がい者が来て迷惑だった。介助の人がうまくやってくれたからいいけどさ」で終わってしまうのかで、ぜんぜん違ってしまうのです。

支援者だけが「すみません」と引きうけてしまえば、「あの子は言ってもわからない子だ」と思われるかもしれません。その瞬間からその子は「言ってもわからない子」にされてしまい、その後、直接的なかかわりを望むのは難しいと思います。

「一人で引きうけて解決しようとすると、かかわる人も広がらない、関係性も広がらない。支援のせいで支援者が大切な社会資源を奪っちゃいけないよ。言い換えれば、逆に、支援の仕方しだいで、たくさんの関係性や本人にとっての体験がかぎりなく広がるんじゃない？」――そのことをスタッフには知ってほしいと思っています。

●直接かかわれる可能性を摘まないで

スタッフには、「言ってもわからない子と思ってないか」をちゃんと自分に問うてほしいと思っています。自分もそう思っていたら、さっきのようなケアはできないからです。

自分におきかえてみればわかると思うのです。「こいつ、どうせ言ってもわからないだろう」と人から思われて対応されるのと、「言ったらきっとわかってくれる」と思われて対応されるのとでは、対応される側の気持ちが違うはずです。

とても何気ないことにみえますが、地域でのケアのなかには、人と人との関係性を築いていくときの大切な要素がいくつも入っています。いちばん怒っていた人が、最後はいちばんの理解者になってくれた、ということもあります。迷惑をかけられたと感じていた人でも、本人と直接かかわって問題解決できると、迷惑だけではない気持ちのよい何かを与えられることもあるはずです。そういう体験を地域の人がいっぱいしてくれると、地域は変わっていくのではないかと期待したくなるのです。

人は、肌を触れあうとか、体温を感じるとか、生きているその人と直接的にぬくもりを感じる距離でつきあうと、ほんとうにその人を知ることができる。十人の人が知ったら、十人のかかわり方とか、十人のとらえ方が出てきて、ひとつのことを教えるにも十通りの方法が出てくるかもしれない。そのなかに、すごくはまる一個があったりするかもしれない。そういう可能性を摘まないで、むしろ生んでいくような支援を〈とも〉はしたいと思います。

関係性といっても、「ああいう子って、何かちょろちょろしていて、落ち着きがなくて目ざわりだわ」とただ見ている関係じゃなくて、もっと距離を近くしたり量をたくさんにしたりして、直接的にかかわらないと、その子のもっているよさも悪さも含めて、やっぱりわからない。目につくところだけ、人とちょっと違っているところばかりが先にどーんと出てきてしまうから、障がいだけが目に入ってしまうのかもしれません。本来のその子自身の姿、「江里ちゃんって、こういう人だね」ではなくて、「車椅子に乗っている女の子って……」になってしまう。そこをなんとか「江里ちゃんって……」に近づけていくことによって、「自分ごと」になっていってほしいな、と思うわけです。

●関係性の法則

〝普通〟に街のなかで暮らすこと。それを支援すると、いろいろな場面に遭遇するのはいうまでもありません。ケアするスタッフも、そのときどきに、これはどう判断したらいいのか悩んでいます。そんなことを一つひとつとりあげてミーティングをしたり、日常的に相談しあったりして地域のケアを編みだしていくわけですが、そこにはひとつの「関係性の法則」のようなものがあります。それがベースとして押さえられていれば、あとは臨機応変に対応していくしかない、というのが実際のところです。その意味では、ルーティンワークではなく何が起こるかわからない、同じ状況はないという地域支援の仕事は、おもしろくもあり、ほんとうにあらゆる能力が求められる難しい仕事です。

あるとき、スタッフたちと食事をしていると、あるスタッフから「判断に困るときがある。どうしたらいいか教えてほしい」と話がありました。

通常の移動は車椅子を使っているけれど、装具と介助があれば自力歩行も可能な子どもとバスに乗るときに、どう支援したらいいのか、ということでした。バス停での限られた停車時間に、ほかのお客さんもいるなかで、スタッフがさっと抱きかかえればすぐに乗せることができます。けれども、本人は自分一人で乗りたいと言う。「どこまで時間をかけてその子に自分でやらせたらいいのかが、よくわからない」と言うのです。

いろいろなスタッフから意見が出ました。みんなおおむね、本人の意思とまわりとの状況の折り合いのつくところ、というようなことで一致しています。でもそれをみんなに共通の言語化ができないか、もう少しわかりやすくいろんな場面で対応できる法則がないかなと、スタッフたちも私も思いました。

ひとつのケースをそこだけで終わらせるのではなく、そこから広げてほしい。それらのなかに普遍的なことが含まれていれば、なるべくわかりやすいかたちにして、みんなで共有しやすいものにしたいと思っています。それが事例検討だったり、自分の失敗をふりかえって改善策を立ててみんなに話すことだったりします。

そのバス移動のことでは、「運転手さんに聞いてみれば」ということになりました。私たちには、この停留所には何分停車しても大丈夫かはわかりません。もしかすると、時間調整で三分余裕があるかもしれないし、遅れていて急いでいるかもしれない。それでも、運行を任されている運転手さんですから、「あとで帳尻を合わせられるから、ゆっくりでいいよ」と思っているかもしれない。私たちはつい、いい意味でも悪い意味でも、人の迷惑を考えます。が、バスの運行については運転手さんとお客さんとの関係です。

関係性がはっきりすれば、おのずと自分の役割がわかる、ということが、みんなで話していくなかでわかりました。

たしかに、まわりの人から「さっさと乗れよ」と思われてるんじゃないかとか、迷惑なんじゃないかと、スタッフが感じる気持ちはわかります。でも、障がいのない人が、いつもさっさとしているかといえば、そうではありません。なかには、ゆっくりの人もいます。そういう人って、けっこう身の置きどころがないんだろうなと思います。だけど、運転手さんがダイヤが乱れない範囲で、ゆっくり自分のペースで乗ってもいいと言ってくれたり、ゆっくりだけど、自分の力で乗ってくる障がいのあるその子の姿を見て、「ああ、ちゃんと、自力で時間をかければ階段を上がれるんだな」とわかってもらえるかもしれない。それを見たことでほっとする人もいると思うのです。

スタッフとの会話はいつも容赦がありません。容赦しないのはもちろん私です。

「何も言われないのに『さっさと乗らなくちゃ』と思うというのは、『さっさと乗れよ』と言っている側に立っているってこと?」

「自分もそう思ってるの?」

「自分はどの角度からものを考えているのか。そこを、くり返し、くり返し、意識していってもらわないと困るんだよねぇ」

ただし、そうだ、いつも相手の都合の側で考えていたんだと気がついたスタッフが、今度はいきなり大きく振れて本人側だけに立ってしまうことがある。それも困ることです。

「支援者は、本人と相手とのバランスをとっていく役をしてほしいんだよ。それがいつも言っている〝橋渡し役〟ってことかな」

と、食事をしながらならやさしく、ミーティングであればきっとこわーい感じで、話は進んでいきます。

●多様性を認めあいたい

多くの人は社会生活を送るなかで、空気も読みながら、自分がどうするかというところで、折り合いをつけていきます。それは知的作業の一部でもあり、もっている社会性にも関係しています。関係性の障がいや知的な障がいがある場合には、その「障がい」を補えばいいのです。眼鏡と一緒、車椅子と一緒なのだと思います。本人の役割は絶対に奪わないで、だけど、必要な支援はする。「微妙な空気を読む」ということも、必要ならしなくてはならないことのひとつです。

障がいのある人も、スーパーのレジでは自分でお金を払いたい。ゆっくりなら自分でできる。だけど、時間がかかってしまうと、レジが混んでしまう。そんなとき、つい、障がい者が迷惑をかけていると思いがちです。それは迷惑なのかな？

似たような状況はけっこうあります。すごくずうずうしいおばさんだったり、払うときになってからバッグのなかのサイフを探しだす人もいます。できることをしないのだから、そういうのは迷惑だなと私も思います。でも、私自身も昔に比べたら、なんかスピードなくなったなぁ、と感じます。そう考えると、もしかすると、高齢者の人たちも「昔はもっと機敏に動けたし、言葉だってすらすらと出てきたのに、最近はゆっくりになっちゃった」と感じているかもしれないと想像します。それが「ダメなこと」とされる社会に生きているのは、自分のこととしてつらいなって思います。

入り口は、障がいのある人たちが地域のなかで〝普通〟に暮らそうとしている際の出来事ですが、それらが生む関係性が、多様性を認めあうとか、ともに生きることにつながっていき、みんながもっと生きやすくなると思うのです。

4 その人らしく生きるためのマンツーマンの支援

●マンツーマンの支援の〝外れどころ〟

くどいようですが、マンツーマンの支援がベースにあることに〈とも〉はこだわっています。できないことへのサポートは一人ひとり違うから、その部分はどうしてもマンツーマンの支援が必要だと思うからです。

ただ、マンツーマンの支援というと、一人にずっと張りつくようなイメージをもたれますし、実際に多くの時間、その必要があるのですが、でも、ちょっと違うのです。〈とも〉のパーソナルケアサービスは、当然ながらマンツーマンの支援なので、ずっと一人が張りつきます。すると、支援の必要がない瞬間でも、支援者がそばにいる状態ができてしまいます。必要がないときの、その〝外れどころ〟が難しいわけです。利用料はケアの始まりから終了までいただいているわけですし、いくら必要ないといっても、支援者が帰ってしまうことはできません。それこそ忍者のように、存在はあるけれど〝消す〟ようなケアをしなければならない場面があるのです。たとえば、いくら全介助の江里でも、横になってテレビを見ている時間、ケアは必要ありません。利用者からすれば、ケアが必要ないときにまで支援者にずっと張りついていられるのは、うっとうしいことでしょう。

その〝外れどころ〟を見逃さず、存在を〝消す〟ことが支援者には求められます。けれど、これが意外と難しいらしく、その〝外れどころ〟を外しちゃったり、外れるのを忘れちゃうとか。そうすると、〝自立〟への道は続かなくなります。そこの弊害を生まないように支援することを、私はずっとスタッフには伝えてきました。

マンツーマンの支援だからこそ、介助の仕方を考えることはよくよく大切なことだと思っています。

普通学級に通わせてきた江里の仲間で、異なった障がいのある二人の子どもが、同じ学年にいました。その学校では、教員全体でみるという発想をして、介助の先生は一人だけ配置しました。ときに応じて臨機応変に、担任だけで十分なときには介助はつかず、個別の支援が必要な場面では介助がつく。クラスが違うから授業の時間割も別々なので、教科学習のときは、この時間はこっちの子どもについて、つぎの時間はこっちについて、と。給食のときは、この子は一人で食べられるけれど、この子にはちょっと支援が必要だから、こっちに行って、というように。

こんなふうに、一人ひとりのケアの必要性を考えながら、マンツーマンの支援が必要な部分は確保される、ということを基本に支援ができれば、その人のニーズはないものにされなくてすむのではないでしょうか。

●マンツーマンの支援はぜいたく⁉

たまに、私も講演などを依頼されることがあります。〈とも〉の紹介をするときには、マンツーマンの支援について話しますが、「みなさんには、マンツーマンの支援はぜいたくと思う人もいるかもしれませんが……」などと、言いわけめいた前置きをしてしまうことがあります。

あるとき、「どうしてそんな言いわけするの？」と指摘され、考えました。たぶん、いつも言われてきたコスト（財源）と、それにすりかえられている、もしくは隠れてしまっている障がいがある人への評価の低さを感じ、そんな話し方をしてしまうのかなと思いました。

また教育の話になってしまいますが、江里が小学校に入学した年、浦安市では、普通学級を選んだ障がいをもつ子どもは、江里を含めて七人いました。その七人の子どもたちについて、障がいの度合いによって補助教員を個別につけないと対応できないかどうか、判断が必要でした。当時は、それぞれの学校が考え、最終的には校長が教育委員会に補助教員配置の依頼を上げ、教育委員会から派遣されるという仕組みになっていました。

学校の対応は、それぞれでした。マンツーマンの支援が必要な時間は一日のうちの半分くらいで、残りの半分は職員全体でやりくりしてサポートできる子どもの場合でも、学校業務は人手が一人でも多いほうがいいから補助教員を一人くださいという学校もあれば、先に書いたような、二人の子を一人の補助教員でみながら学校全体で工夫していこうというところもありました。

どのような状態でも障がいがある子どもだったら、すべてマンツーマンで補助教員がつくとなれば、普通学級に入る子どもの数だけ補助教員が必要になります。そうすると、どんどん財源がふくらんで、やがては浦安市の話を聞きつけて、近隣からもどんどん障がい児が入転居してくる。そうなると、財源が不足するし、そんなことは議会で通らない……、というのが教育委員会が困っていることだそうです。

たとえば、特別支援学校に通う子どもたちにかかるコストは年間一人あたり八百万円から一千万円ともいわれています。かりに、障がい児にマンツーマンで一人補助教員をつけたとしても、一千万円はかからないでしょう。障がい児が特別支援学校に行くことに、「一千万円かかるから、特別支援学校に行くのはぜいたくだ」と言う人はあまりいないと思います（知ったら言われるのかもしれませんが）。

たしかに、補助教員は市の単独の予算であり、特別支援学校の運営費は市の予算ではありません。けれど、実際に、お金の流れがどのようになっていて、本来の「障がいのある子どもたちの教育支援をどのようにしていけばいいのか」の議論がされないまま、そして、きちんとしたデータの裏づけのないまま、「これ以上、補助教員を増やさないためにはどうしたらいいか？」という話になってしまうことが残念です。

福祉についてもまったく同じことがいえます。「日本はお金がないから」という大前提で出発したとしても、そもそも、支援が必要な人たちが何人いて、どんな支援が必要で、それにはどうしたらよくて、どれだけの予算がかかるのかが、抜けおちているような気がします。

それらが検討されたうえで、財源が不足するのであればそれをどうするか、それこそみんなで考えなくてはならないのではないでしょうか。学校であれば、その子どもたちに必要な支援をみんなでサポートする方法や、そのときどきの現場での知恵や工夫が出てくるのだと思います。

税金なのですからもちろん大切に使ってほしい。すべてにおいてマンツーマンの支援が必要ではない、ということは当然だと思います。実際に障がい児についている補助教員だって、学校全体の仕事をするときもあるわけです。そうだとすれば、それはみんなのためにもなっているのに、「障がい児だけのためについている」「障がい児だけが予算を食っている」という理屈になってしまうのはおかしな話です。

そこには、「障がい児なんて価値がない子ども」「マンツーマンの支援なんてぜいたく」という発想があるのかな、という不安が、私に前置きをさせるのかなと思いました。

●明日の「自分ごと」として考えてほしい

特別支援学校や入所施設での一人あたりのコストがかかりすぎるという議論はありません。それなのに、それらよりもっと少ない予算ですむ、地域の社会資源を利用してのマンツーマンの支援による、障がいがある人もない人もともに生きられるための教育や福祉の仕組みについてだけ、予算の問題で語られるのは、なぜでしょう？

集団で集めておくほうがコストがかからなくてすむ、と考えられているのではないでしょうか。たしかに、集団合理性がコストを抑える場合もたくさんあります。

でも、特別な学校をつくるよりも、普通学級のなかに受けいれて、エレベーターを設置していくほうが、その地域の社会資源にもなるし、利用できる人がたくさんいるでしょう。教員を加配して、みんなで考えて、障がいのある子をサポートする方法がとれる場合もあるかもしれません。

そうならないのは、もしかしたら、ほんとうは財源の問題ではなく、「障がいのある人は本来ここにいるべき人ではありません。いるべきでないはずの人にこれだけのお金をかけているんですよ」と思っているのかなぁ？　そう深読みしそうになります。

以前、生命保険の話を聞いたことがあります。障がい児は障がいがない子どもと比べて死亡したときの保険金額が格段に低いそうです。それは、成人になったときのその子どもが稼いだであろう金額を算出するからだそうです。障がい児は作業所の賃金などをもとにするそうです。算出の基準がそうならしかたないのかもしれませんが、「同じ子どもなのに」と、私は釈然としない感覚をいだきます。

労働対価だけが社会のなかでの価値とされ、それを基準にすれば、たしかにそうなるのかもしれないけれど、人はもっといろいろな側面をもっているし、豊かさをもっている。いろいろな能力があって、それぞれに価値があって社会に貢献していると思います。そう考えて、障がい者一人ひとりに必要な支援がぜいたくなことではないと、たくさんの人が思ってくれるといいのですが……。

だって、〝障がい〟があるから生きていくのに支援が必要なのだから。そして、それはいま、障がいがある人だけでなく、明日の自分に必要なのかもしれないのですから。

＊

障害をもつ子どもを育てるなかで、腹をくくる、決意をしなければならない瞬間は、何度もありました。同じように、病に倒れた親を看取るなかでも。

愛する娘や家族が、どのような状態であっても自分らしくいきいきと生きてほしい、という祈りのような願い。その願いをかなえることは、一人だけではできません。たくさんのさまざまな支え合い、人、制度、仕組み……それらを持ちあわせた地域そのものが必要だとわかりました。

子育てを通じて地域の人たちとの出会いがありました。一九九二年に〈浦安共に歩む会〉をつくり、八年間の活動をするなかで、同じような願いをもつ多くの仲間を得ました。さらに、自分たちも実践者として願いをかなえていこうとする仲間とともに二〇〇一年、NPO法人を設立し、〈とも〉の活動が始まりました。ことあるごとに出発点である娘に問いかけ、自分に問いかけ、仲間に問いかけながら、いくつかの決意を積み重ねながら。

そして、五年の活動を経て二〇〇六年、〈とも〉は社会福祉法人として歩みだしました。NPO法人から事業の内容に変化があったわけではありません。社会福祉法人にしたということは、たとえ投げ出したくなる瞬間があっても、仲間が疲れ果てて去ってしまったとしても逃げずに、本気で腹をくくって地域福祉の事業を展開していくのだという決意でもありました。もろく消えてしまうような地域福祉事業に愛する家族をだれも託せるはずはありません。けれども、事業をおこなうことイコール市民活動からの決別にはならない、したくないと思いました。

一人の願いをかなえることが、普遍的にみんなのものにつながっていき、一人ひとりの願いの実現に通じていく。単にサービスを提供する事業を展開するのではなく、実践をとおして理念に近づいていく、強い意志と願いをもつ〈とも〉でありたいと思っています。

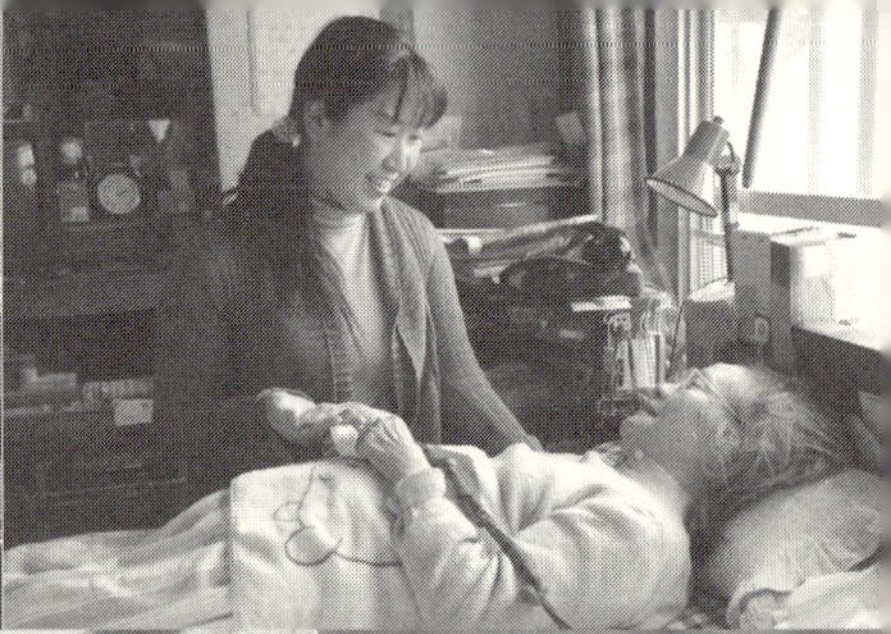

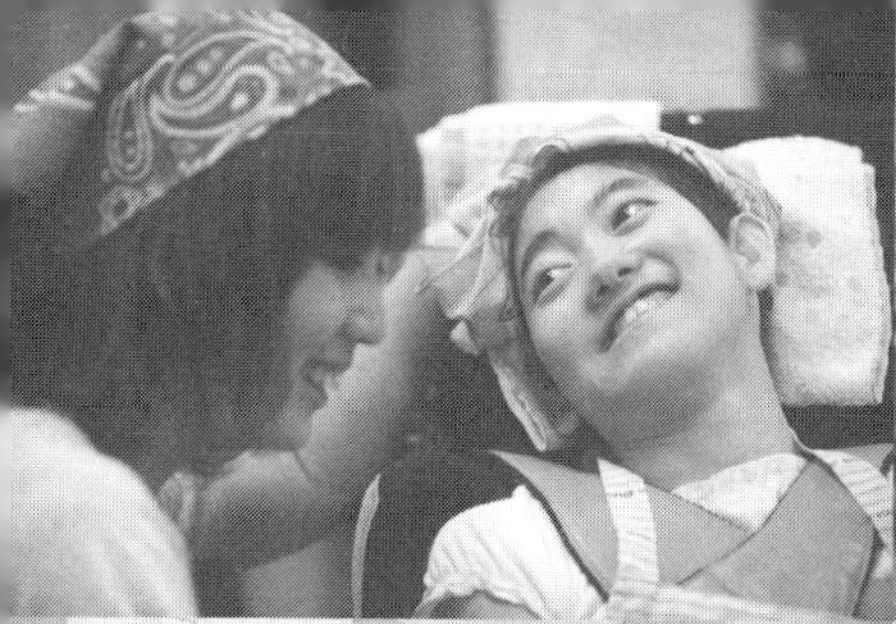

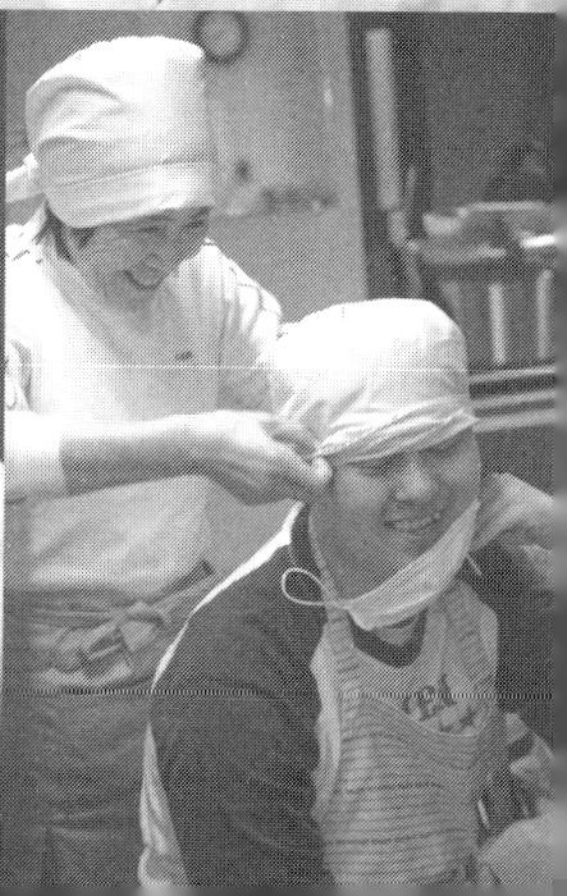

●解説

「普通の道」を創る、ということ

施設福祉から地域福祉へ

浅野史郎
（慶應義塾大学教授・元宮城県知事）

日本の障がい福祉の基本は、長いこと、施設福祉でした。それも、丸ごとの施設抱え込みというか、入所型の施設に移して、生活ごと面倒をみるかたちが主流でした。親の側にも、障がい児を抱えて孤軍奮闘、「親なきあと、この子はどうなるのだろう」という不安のなかで、施設入所をめざす流れがありました。そして、施設での処遇は「供給（サプライ）者本位」、つまり、施設はこういうサービスをいたします、施設に入ってもらったらそれらが受けられます、という対応でした。行政も、行政が用意したメニュー内のサービスだけ供給します、時間は九時から十七時まで、土日と祝祭日はサービスはありません、となっていました。

こういった施設福祉や福祉サービスのあり方に対して、地域福祉の流れが入ってきました。先駆的な地域や進んだ施設などは二十～三十年前から手がけていましたが、それが曲がりなりにも一般化してきたのは、この十～十五年といったところでしょうか。地域福祉とは、生活の場を施設に移さないで、地域に住んだまま福祉サービスを受けながら生活するという、場所だけの問題ではありません。「供給者本位」に対して、「需要（ニーズ）者本位」ということです。

長野県でユニークな障がい福祉の活動を展開する福岡寿さんのたとえを無断拝借すれば、施設福祉は固定電話で、地域福祉は携帯電話です。固定電話は、電話のあるところに体を運ばないと電話がかけられない。しかも、電話をかけるという機能しかない。携帯電話は、生活者とつねに行動をともにしているので、「ここで写真が撮れたらいいな」「メールを送れたらいいな」「財布のかわりにできないだろうか」といった需要がつぎつぎと湧いてきて、そのリクエストに応えるかたちで、携帯電話会社がさまざまな機能を増やしてきました。

人間が地域のなかで生活していると、さまざまなニーズが生じるのは当然です。重い障がいをもった人なら、生活の基本的なところで、「あれもしてほしい」「これも必要だ」ということになります。月曜から金曜の九時から十七時までに限定されるものではありません。だれかが、その需要に応えていく必要があります。〈パーソナル・アシスタンス とも〉がやっていることは、こういった需要に応えていくということです。

西田良枝さんは、娘の江里さんが重度障がいをもつことを知ったとき、目のまえが真っ暗になったと言っていました。その理由のひとつは、自分はこれからいままでと同じ道を歩けない、「障がい児の親」という道を行くしかない、というイメージをもったから。でも、じきに、「だったら、江里が普通の道を歩けるようになればいいのだ」と思うようになったということです。この「普通の道」というのが、とても大切なことです。「普通の」は英語では「ノーマル」、動詞化すれば「ノーマライズ」、さらにもう一度名詞化すれば「ノーマライゼーション」です。障がい児だからといって、無理やり普通でない生活をする必要はない。西田さんが江里さんを地域の幼稚園に入れ、普通学校に入学させたのも、「普通の道」を強く意識していたからにほかなりません。

その後の〈とも〉での活動にも、西田さんの初心が貫かれています。地域のなかにこそ普通の生活があります。そのなかで出てくるさまざまなサービスの需要に応えられなければ、障がい者や高齢者は地域での生活を継続できません。

全国的にみれば、施設福祉から地域福祉への流れは、いくつもの実践例があります。長崎県の〈コロニー雲仙〉は、二〇〇七年三月に解体されました。県内の地域に散らばる多くの障がい者を、これまで施設での仕事に従事してきた職員を含む人たちがさまざまなかたちで支援しつつ、地域での自立生活を支えています。その数は、数百人を超えています。二〇〇四年二月、宮城県知事時代に私が発した「みやぎ知的障害者施設解体宣言」はほとんど進んでおらず、その先駆けである〈船形コロニー〉(定員四百八十名)の解体も、定員がなんとか半分になっただけです。〈コロニー雲仙〉に比べると、恥ずかしい思いです。

そのほか、障がい児の通所施設である埼玉県東松山市の〈ハローキッズ〉が解体され、地域での支援に方向転換しました。札幌市の知的障害者入所施設(定員五十名)では、入所定員を徐々に減らし、二〇〇八年三月に施設を廃止し、地域での自立支援に切り替えました。

こういったなかで、〈とも〉は、最初から地域での支援の活動に取り組んできました。一人の主婦が始めた活動ですから、大変な困難があることは容易に想像できます。その活動がこれだけ広がってきたのは、もちろん、地域のなかにこうした支援を求める需要があったからですが、それが継続できたのは、活動を支える哲学があったからだと思っています。

それは、どんなに重い障がいをもっていても、高齢になって動けなくなっても、「普通の道」を外れる人生を送ることは避けるべきである、という信念ではないでしょうか。そこから、「地域のなかで」ということがあたりまえに出てくるし、二十四時間三百六十五日の支援サービスは当然、という方針が立てられます。

それにしても、〈とも〉のがんばりようとエネルギーには、ものすごいものがあります。燃え尽きてしまわないだろうかと、心配になるほどです。公的な支援は、浦安市当局を中心にかなりなされているとはいえますが、〈とも〉が燃え尽きてしまっては、地域にとって大きな損失です。大げさではなく、民主主義が試されている場面かもしれません。〈とも〉が守ろうとしているものは、けっして「他人ごと」ではなく、「明日はわが身」の自分ごとであると認識できたら、住民も動きだすでしょう。それにうながされて、市の議会も行政も、真剣に取り組まざるをえなくなるはずです。〈とも〉の活動から、そんなことまで考えてしまいます。

●解説

「一人ひとりのこと」が社会を変えていく

〈とも〉が呼びかけるもの

曽根直樹
（東松山市社会福祉協議会）

社会福祉法人〈パーソナル・アシスタンス　とも〉は、障がいのある子どもの親である、西田さんたちが立ち上げました。障がい者福祉事業をおこなう社会福祉法人には、障がいのある人の親たちがつくった法人もたくさんあります。障がいのあるわが子が特別支援学校を卒業した後の進路のために、通所施設を立ち上げたところが多いと思います。しかし、〈とも〉は、卒後の進路のためにつくられた法人ではありませんでした。それは、〈パーソナル・アシスタンス（個人を尊重した支援）とも（ともに生きる）〉という名前にもあらわれています。

これまで、日本の障がい者福祉は、一般社会とは別の場に障がいのある人だけを集めておこなう仕組みがつくられてきました。障がいのある人が生まれると、乳幼児期には障がい児通園施設、学齢期になると障がい児特別支援学校、学校を卒業したら障がい者通所施設、親亡きあとは障がい者入所施設という具合に、「障がいのある人専用のコース」のなかで育ち、学び、働き、生活する仕組みとなっています。そして、そこにかかわる人たちは、「もっとよい療育ができる通園施設」「もっとよい障がい児教育ができる特別支援学校」「もっとよい授産製品がつくれる通所施設」「もっとよい生活が送れる入所施設」をつくろうと考えてきました。

でも、障がいのある人は、ずっと障がいのある人のなかで生活しなくてはならないのでしょうか。

たとえば、障がいのある人だけの環境のなかで、障がいのない人を育てられるでしょうか。一般社会で生活する経験がないまま育ったら、その人は社会で生活できるようにはならないでしょう。それを、障がいのある人に置き換えてみても同じことではないでしょうか。障がいがある人も、一般社会で生活する経験がなくては、そのなかで生活することが難しくなってしまいます。だとしたら、障がいのある人たちだけのなかで育つ障がいのある人たちは、みんな、一般社会で生活することが難しくなってしまいます。むしろ、障がいのある人は一般社会で生活することが難しいと考えて、障がいのある人だけの別の社会で生活する仕組みがつくられてきたのでは？なんで、障がいのある人は一般社会で生活することが難しいと決めつけられてしまうのだろう？

〈とも〉を立ち上げた西田さんたちが、障がいをもって生まれたわが子を育てるときに感じてきたことは、このような疑問だったのではないかと思います。自分たちの子どもを、「一般社会のなかであたりまえに育てたい」と決めた瞬間に、西田さんたちにとって必要となったのは、障がいのある人だけを集めた教育や福祉ではなく、「一般社会のなかでともに育ち、学び、働き、生活する」ということを基本にした、新しい支援の仕組みとなりました。そして、それをつくりだすための手段が、〈とも〉になったのだと思います。

以前は、「障がい」とは、手や足、脳の機能障がいととらえ、病気やけがのように医療や訓練で治したり改善すべきものと考えられていました（医療モデル）。今は、障がいによって起きる社会の生活のしづらさは、本人の障がいに原因があるのではなくて、社会のサポートの不足に原因があると考えるようになりました（社会モデル）。社会モデルで考えると、たとえば、車椅子の人が電車を利用できるように駅にエレベーターを付けると、高齢者や妊娠中の人、重い荷物を運んでいる人など、階段を上がることが大変なすべての人が電車の駅を利用しやすくなります。「障がい者福祉」は、「障がい者のための福祉」から「社会での生活のしづらさを抱えるすべての人のための福祉」になり、みんなの問題になります。西田さんたちは、「障がい者だから支援を受ける権利がある」のではなくて「国民、市民だから支援を受ける権利がある」という考え方に立ち、「すべての人がともに生きる社会」をめざすことで、これまでの「障がい者福祉」の概念を転換しようとしています。

理事長の西田さんに、このような概念の転換をうながしたのが、娘の江里さんでした。西田さんは、重複障がいをもつ江里さんの日常生活を一般社会のなかで成り立たせるために、つねに江里さんの手足として介助し、代弁者となってきました。そのなかで、親として江里さんのことを考える視点のほかに、江里さんの内側をとおして、障がいのある本人の立場から物事を考える視点をもつことができるようになったのではないかと思います。西田さんは、江里さんと真剣に向き合うことで江里さんに動かされて、〈とも〉をつくってきたといえると思います。

障がいのある人の親たちは、「親亡きあと」を心配して、入所施設をつくることを望んできた歴史があります。そこには、親がいなくなったあとも子どもを護りたいと願う、親としてのやむにやまれぬ心情があると思います。一方で、障がいのある本人が、「親亡きあとが心配だから、施設をつくって入れてほしい」と言ったことを聞いたことがありません。障がいのある人みずからが介助者派遣をおこないながら、施設ではない、地域での自立生活を実現させてきました。「親」と「本人」は、このように相反する立場にあるのかもしれません。でも、「親」と「本人」は相反する立場でいることしかできないのでしょうか。〈とも〉は、本人も親も、自分らしく生きることをあきらめないために、親や家族だけで障がいのある人の生活を抱え込まないで支援に委ねていくことや、障がいのある人と家族の生活に起きるさまざまな差別や不合理、人権侵害を我慢しないで、みんなで一緒に社会を変えようと呼びかけています。すべての人が自分らしく生きることが価値あることとして大切にされ、社会のなかでともに生きることを実現するために、支援のあり方から社会のあり方までを考えて事業をおこなっているように感じます。

すべての人がともに生きる社会は、待っていてもやってこない。だとしたら、自分たちの生活や事業をとおして「ともに生きる」を実践してみよう。一人ひとりの障がいのある人や家族の生活が一般社会のなかでおこなわれることで、その生活にかかわる周囲の人たちを変え、社会を変えていくことができるのだという声が、この本から聴こえてきます。

あとがき

人生に「もし」はないのだと思いますが、それでも、もし江里と出会わなければ、いまの自分はない、と思います。人の助けがなければ命さえつないでいくことができない江里と出会ったからこそ、自分たちが暮らす社会はどうあってほしいのかを真剣に考えるようになりました。その結果あるいはプロセスのひとつとして〈とも〉があります。たった一人の幸せを願うところから始まって、気づかされたことがたくさんあります。

「たった一人だけの幸せはない」「困っている人が幸せをつくっていく」「生きづらさをもっている人の存在が、変化や新しいものを生み出していく」「力のない弱いもの（と思われている、もしくは扱われているもの）が（も）力をもっている」

だれでも自分が何者かを知らないまま、生まれてきます。自分で選んで障がいをもって生まれたわけではないでしょう。途中からでも、障がい者になりたくてなった人は、たぶんいないと思います。支援が必要になった状態、障がいなどはだれの責任でもない、のだとしたら……。社会のなかでみんなで考える自分たちのことであってほしいと思います。

この本で「障がい」という言葉がたくさん出てきますが、これは便宜上わかりやすくするために使っています。人の個別性、特徴や傾向の違いはグラデーションだと思います。ですから、「障がい」というくくりは、日常生活のなかで意味はありません。ただ、ひとつ存在すると思うのは、社会のなかでの生きにくさや困り感をもっている人たち、社会のありようによってハンディや障がいを感じることになる人たち。そのような状態の人たちを含めて「障がい」という言葉を使いました。

三月十一日、東日本大震災。浦安市にある〈とも〉は液状化により罹災し、〈とも〉の拠点となる建物を失いました。建物は全体が躯体から大きくゆがみ、傾き、床や壁のいたるところに亀裂が入り、すべてのドアも閉まらず、使用することができなくなりました。

震災の翌日から大切な荷物から運びだし、急場で貸してくださったNPO法人タオの事務所に間借りしたり、「今川センター」に相談事業を移したり、分散してでも事業を続けるため、物件を探しまわったり、仮設の内装の打ち合わせをしたりと、一か月の間に四回、さまよって引っ越し作業をする日々がいまも続いています。

上下水道も一か月間途絶え、さらに計画停電もあり、ライフラインが途切れている状態。職員のなかには、自分の家も同じような状態の人たちもいました。それでも、震災時の利用者さんの安否確認はもちろんのこと、二十四時間三百六十五日の支援は震災直後からも変わらず続けてきています。ケアルームを失ってしまったので、そこに被災者の方々を受け入れることができなかったのは残念ですが、職員のだれもが自分たちが大変だから支援はできないとは言わず、むしろ「地域の生活には震災だってある。そのなかでも自分たちが動かなければ利用者さんたちの暮らしは守れない。地域生活を支えるってそういうこと」と、二十四時間三百六十五日のスタンスはまったく変わりませんでした。

「駅前センターほっぷ」で仕事中だった江里は、スタッフとともに避難しましたが、逃げようとするさきざきで液状化により泥水が噴水のように吹きだし、つぎつぎと地割れや陥没が起こり、行く手を阻まれたそうです。そのうえ、大きな揺れで、止まっていても車椅子さえ倒れそうになり、近くにいた人に助けを求めてやっと転倒を免れたりと、スタッフからの話を聞くと、よく避難所までたどりつけたと思う状況でした。着の身着のまま逃げだしたスタッフも江里もコートがなく、寒い体育館で江里はスタッフのパーカーを、スタッフは同じく避難してきた地域の人にいただいたカーディガンを着ていました。私でなくても確実に有事にも対応できる、命を預けることができる支援は、とくに江里のように重い障がいであればなおさら、やはり一朝一夕にはできず、日々の積み重ねのなかでつくられるものなのだと実感しました。

震災直後は、このまま以前のような日常に戻り同じように物事を感じることができるようになるのだろうかと思うほど、価値観が揺さぶられる感じがしました。けれども、日常を取り戻すこと、人とのつながりや会話、いつもおこなっている仕事や生活を取り戻すことこそが、私たちに心の安定、生きている実感をもたらすのだということもわかりました（障がいがある人、被災している人ならなおさら、そうだと思います）。

一人ひとりが違う存在でありながらも、自分に与えられた「自分」と環境のなかで生きる営みを続けていくのは、だれもが同じなのだと思います。その営み、そのなかにある課題、さらに支援が必要とされる状態のなかには、障がいのあるなしにかかわらず、共通する普遍的な大切なことが存在すると私は思います。

震災は私たちに原発の問題も突きつけてきました。海も空もそれをとりまく空気もみんなつながっています。放射能汚染は他人ごとではありません。人だって「障がい」も「健常」も区切りはグラデーション。どのようなこともみんなつながっていて、濃淡はあっても、渦中にいちばん近い人たちだけが当事者ではないと、あらためて気がつかされました。

不安に満ちたこんなときだからこそ、対立したり分断されたりすることなく、つながり、共感する力、考える力をそれぞれが発揮しながら、ともに生きることがより大切になるのではないかと感じています。

〈とも〉を立ち上げてから十年がたちます。事業を開始してから二、三年たったころ、「〈とも〉の本をつくりたいね」とみんなで話しました。立ち上げメンバーや利用者さんにも原稿を書いてもらいました。今回の本の原稿の多くも、そのころに書いたものです。でも、〈とも〉の前進にともなう忙しさのなかで、なかなか本にするまでにたどりつけず、途中、曽根直樹さんにはインタビューをしてもらったり、浅野史郎さんにはお目にかかるたびにはっぱをかけていただいたり……。そして、あらためて出版にこぎつけることになったとき、こんな以前のことを書いてよいのかという不安もありました。けれども、変化したこともあるけれど、伝えたいことは、いまも昔も変わらない。

結局、この本は、私の原稿のみで構成されることになってしまいましたが、ここには多くの障がいをもつ子どもの保護者やご本人の願いがあり、〈とも〉で働く職員や、いままで支援してくださったすべての方々の実践があり、みんながつくった本だと私は（勝手に）思っています（みなさんが書いてくださった原稿は、〈とも〉十周年の記念誌として編集されています）。この場をお借りしてお礼を申し上げたいと思います。ありがとうございました。

そして、厳しい出版情勢のなか、本にすることを決断し、〈とも〉のよさをすぐに理解してくださった太郎次郎社エディタスの北山理子さん、私のつたない文章を短い時間で、すばらしいキャッチ力で編集してくださった世良田律子さん、十三年前の出会いに始まり〈とも〉設立以降相談役になってくださっている曽根直樹さん、病気療養中にもかかわらずあたたかく励まし続けてくださった浅野史郎さん、そして、天国の山本和儀さんに、心からお礼を申し上げます。

二〇一一年五月

西田良枝

西田良枝（にしだ・よしえ）

社会福祉法人パーソナル・アシスタンス とも理事長。浦安市在住。一九九三年、障がいをもつ子どもたちが幸せに暮らせるために「浦安共に歩む会」を発足。浦安市に対し福祉と教育の改善の要望・提案をするなど、八年の活動を経てNPO法人を設立。高齢者や障がい児・者本人、かれらを抱えた家族、子育て中のお母さん・お父さんなど、障がいのある・なし、種類、年齢、あらゆることを分けず、すべての人を対象とした二十四時間三百六十五日の地域生活支援事業をおこなう。

二〇〇六年、五年間の実績を認められ、社会福祉法人となる。障がいをもつ二十一歳の娘の母。

千葉県「障害者計画推進作業部会」や「ノーマライゼーションの進展に対応する教育検討会」、浦安市「障害者福祉計画策定委員会」などの委員をつとめる。

地域生活支援 ひとりから始まるみんなのこと

〈パーソナル・アシスタンス とも〉の実践

二〇一一年六月十日　初版印刷

二〇一一年七月一日　初版発行

著者……………西田良枝

編集……………世良田律子

発行所…………株式会社太郎次郎社エディタス

〒一一三―〇〇三三

東京都文京区本郷四―三―四―三階

電話　〇三―三八一五―〇六〇五

FAX　〇三―三八一五―〇六九八

http://www.tarojiro.co.jp/

印刷・製本……厚徳社

定価……………カバーに表示してあります。

ISBN978-4-8118-0747-8　C0036

●本のご案内●

太郎次郎社エディタス

いのちに贈る超自立論

すべてのからだは百点満点

安積遊歩●著

自立しているってどういうこと？　お金を稼げること？　立って歩けること？　自分のお尻が拭けること？「自立へがんばる障害者」像から一歩ふみだし、すべてのいのちを肯定する著者が贈る、あるがままに生きていい、というメッセージ。

●四六判並製●一六〇〇円＋税

その手は命づな

ひとりでやらない介護、ひとりでもいい老後

横川和夫●著

からだが弱っても、痴呆があっても、独り暮らしでも、暮らせる。本当に必要な手助けがあれば。おたがいさまの他人同士だからこそ、できることがある。新潟「まごころヘルプ」から「地域の茶の間」「うちの実家」へと広がる住民相互の支えあい。

●四六判並製●一九〇〇円＋税

降りていく生き方

「べてるの家」が歩む、もうひとつの道

横川和夫●著

しあわせは私の真下にある。ひきこもりも病気も不安も、逆転の発想で糧にする「べてるの家」の人びと。問題山積の当事者と家族、医師、支援者の軌跡を深く取材した書き下ろしノンフィクション。「豊かな回復」への道筋。

●四六判上製●二〇〇〇円＋税